SVLTO

Triest liegt an der Adria im äußersten Nordosten Italiens – sechs Zugstunden von Mailand entfernt, aber nur eine Stunde von Ljubljana. Mit dieser speziellen Lage hängt die wechselvolle Geschichte der Stadt zusammen: Jahrhundertelang gehörte Triest zur habsburgischen Donaumonarchie, wurde 1719 zum Freihafen erklärt und schwang sich zu einem kosmopolitischen bürgerlichen Zentrum auf. Zugleich war die Stadt geprägt von den bäuerlichen Strukturen des slowenischen Hinterlandes und durch das Österreichische, das Italienische und das Slawische ethnisch und sprachlich stark gemischt.

Nach dem Ersten Weltkrieg wurde Triest kurzerhand von Italien gekauft. Während des Zweiten Weltkriegs waren die Stadt und die sie umgebende Karstlandschaft Schauplatz furchtbarer Kriegsverbrechen. Nach dem Fall des Eisernen Vorhangs, der Triest vom damaligen Jugoslawien trennte, ist die Stadt in den 1990er Jahren zu neuem Leben erwacht – ein exemplarischer Ort des »neuen« Europa.

Von den Wechselfällen der Geschichte und davon, wie die Menschen mit ihnen umgingen, erzählen die Autorinnen und Autoren dieses Bandes, der zugleich die große literarische Tradition Triests spiegelt.

TRIEST
Eine literarische Einladung

Herausgegeben von Gaby Wurster

Verlag Klaus Wagenbach Berlin

Inhalt

Eine Stadt von »sprödem Charme«

Triest, Trieste, Trst ist ein besonderer Ort: die nördlichste Stadt des Südens, einst die südlichste Stadt Mitteleuropas, dann fast fünfzig Jahre lang West-Metropole direkt neben dem kommunistischen Osten. Immer lag sie an Grenzen, an geographischen und politischen Kreuzungspunkten, bewegte sich inmitten ethnischer und kultureller Schnittmengen, zwischen Urbanität und Provinzialität, Blüte und Verfall, war ein bisschen weltabgewandt und hat doch den Anschluss nicht verpasst, diese Stadt, wo alles möglich war und ist bis hin zur »Realität der Utopie« (Franco Basaglia).

Die keltisch-karnische Gründung Tergeste, später römische Kolonie und Municipium Tergestum, wo sich alte Handelswege über die Julischen und die Karnischen Alpen an die Adria kreuzten, wurde von Goten, Langobarden und Südslawen umkämpft und von den Franken erobert, kam unter die Kuratel der Bischöfe und später der Dogen. 1382 begaben sich die Emissäre der Stadt freiwillig unter den habsburgischen Doppeladler, um dem Markuslöwen zu entkommen.

Ob heilig-römisch, habsburg-österreichisch, habsburg-lothringisch, kakanisch-cisleithanisch – Triest war, mit kurzen Unterbrechungen, ein halbes Jahrtausend lang Teil des österreichischen Universalimperiums. Karl VI. erklärte Triest 1719 zum Freihafen, damit begann der große Aufschwung der mittelalterlichen Fischer- und Salzsiedergemeinde zu einem kosmopolitischen bürgerlichen Zentrum. Karls VI. Nachfahren Maria Theresia, Joseph II. und Franz I. hegten und pflegten ihr Tor zum Mittelmeer, bis die Stadt als wichtigster Hafen Mitteleuropas und Drehscheibe internationalen Handels erblühte, bis »die wahre Hauptstadt der Adria«, so Napoleon, schließlich in ihrem hellsten Glanz und als Apotheose des Vielvölkergemischs in der k. u. k. Zeit erstrahlte.

Doch das Österreichische, das Italienische, das Slawische – die drei Seelen, die »Wesenskomponenten Triests lassen sich nur schwer miteinander vereinen«, schreibt Claudio Magris, einer der maßgeblichen Intellektuellen und Literaten des heutigen Triest. Die Stadt stand mit dem rural geprägten slowenischen Hinterland in einer Wechselbeziehung und war ethnisch sowie sprachlich immer gemischt – nicht aber vermischt. Undenkbar für einen italienischen Triester, Slowenisch zu sprechen – bis 1993 Riccardo Illy Bürgermeister wurde und die Wende kam. Er machte sich für die Aussöhnung mit der großen Minderheit stark. Deutschsprachigkeit war hingegen für die oberen und mittleren Schichten der Italiener früher eine Selbstverständlichkeit; damit hörten die Zugeständnisse an die Donaumonarchie aber auch schon auf. Im Zuge des Risorgimento und der Gründung des Königreichs Italien wurden die Kräfte des Irredentismus entfacht, einer nationalliberalen Bewegung mit dem Ziel der Eingliederung der »unerlösten«, größtenteils italienischsprachigen Gebiete an der Adria. Dagegen wehrten sich die anderen Bevölkerungsgruppen, doch die Italianità wusste sich durchzusetzen. Mit dem Ende des Ersten Weltkriegs kam das Finis Austriae, und das ehemalige Kronland »Küstenland« mit Görz-Gradisca, Istrien und der Hauptstadt Triest wurde Italien zugesprochen. Slowenien ging 1920 nach dem Vertrag von Rapallo an das neugegründete Königreich der Serben, Kroaten und Slowenen. Triest geriet in eine geographische Sackgasse, eine Situation, die sich in der wechselvollen Geschichte im und nach dem Zweiten Weltkrieg und durch nachfolgende erneute Grenzverschiebungen noch verschärfen und eine wirtschaftliche Isolierung mit sich bringen sollte. Triest wurde als Hauptstadt der Provinz Friaul-Julisch-Venetien 1954 zwar wieder Italien angegliedert, die Grenze zu Jugoslawien legte man aber erst 1975 fest. Damit schloss sich der Eiserne Vorhang bis zum Ende der Tito-Zeit.

Mit dem Zerfall der Donaumonarchie begann der Verfall der blühenden Stadt – und die Hypostasierung des habsburgischen Mythos. Triest war die einzige italienische Stadt Österreichs gewesen, nun war sie die einzige Stadt Italiens mit habsburgischer Kultur – die sich den Triestern erst mit ihrer Auflösung ins Bewusstsein drängte. Nicht kritiklos, doch sehnsuchtsvoll und schwermütig, vor allem später in Anbetracht des drohenden Faschismus, sonnten sich die einstigen Weltbürger im Abglanz vergangener Herrlichkeit. Etwa im Borgo teresiano (Maria-Theresien-Stadt oder Neustadt) mit den Moli, den Rive und den trutzigen Kaufmannspalästen am Canale grande oder in den breiten Alleen und Parks des großzügigen Borgo franceschino (Franzenstadt). Vor allem aber in den »Wiener« Kaffeehäusern der Stadt, die zu Salons der Italianità geworden waren.

Doch Triest ist keine heitere Stadt von mediterranem Gepräge, das war sie nie. Dazu liegt sie zu weit im Norden, zum Balkan hin, »in dieser äußersten Bucht, wo die Adria vergessen hat, dass sie zum Erdkreis gehört« (Bertram Karl Steiner). Wo das Meer in Nebelbänken zerfließt und hinter sandigen Inseln verbrackt, wo sich der Blick nicht offen aufs Wasser richtet, sondern hinauf in den rauen Karst und ins Hinterland, das ihr geraubt worden war, und hinüber nach Italien, denn das fängt laut Susanna Tamaro für die Triestiner erst »jenseits von Monfalcone« an.

So bildeten diese insularen Grenzgänger zusammen mit ihrer eigenen Sprache – einem venezianischen Dialekt mit slawischen und germanischen Elementen – auch eine eigene Seelenstimmung und Geisteshaltung aus: die Triestinità. Anders als »Trieste irredente«, das »unerlöste Triest« des 19. Jahrhunderts, könnte man es heute »irredentabile« nennen, »unerlösbar« in die Wechselfälle der Geschichte verstrickt, die die Stadt melancholisch, introvertiert und selbstverliebt machten, weil sie, da sie keine hatte, sich selbst Heimat sein musste.

Nirgendwo findet die Triestiner Identität des »traurigen Glücks« einen tieferen und authentischeren Ausdruck als im literarischen Genius der Stadt, im Werk ihrer beiden großen Söhne: Ettore (Hector Aron) Schmitz alias Italo Svevo, durch seine deutsch-donauschwäbisch-jüdisch-italienische Abstammung und den entsprechenden Künstlernamen Inbegriff des Triestiner Amalgams, aber auch des Fremden im eigenen Land, und der italienisch-jüdischstämmige Umberto Poli alias Umberto Saba (hebr. für »Brot« und eine Liebeserklärung an seine slowenische Amme Gioseffa Sabaz). Sie schufen aus dem »Nichts der Trauer« Weltliteratur, sie machten die prosperierende Stadt zur Protagonistin ihrer Werke und damit »zu einer seismographischen Station der geistigen Erdbeben, die sich anschickten, die Welt zu erschüttern« (Claudio Magris) – wie James Joyce. 1904 kam er als Englischlehrer nach Triest und pflegte engen Kontakt zu der großen jüdischen Gemeinde, einem intellektuellen Mittelpunkt der Stadt. Svevo, sein Schüler, wurde bald zum innigen Freund und möglicherweise auch zum Vorbild für Leopold Bloom in *Ulysses*. Joyce begann sein Hauptwerk 1914 in Triest und spiegelte darin auch andere Triester Charaktere wie beispielsweise Moses Dugacz, den Metzger aus der Via Torrebianca. Vielleicht wäre dieses Werk nie entstanden ohne diese Stadt, an der Odysseus, der altbekannte, so eilig vorbeisegelte auf dem Weg zu Teiresias' Seele am Eingang des Hades, um den Weg in die Heimat zu erfragen. Ausgerechnet in Triest!

Ein Ort der Umkehr oder der Einkehr, vielleicht auch ein Ort, von dem man sich nicht mehr lösen kann, und daher wie kein anderer geeignet, seine Zerrissenheit zwischen bürgerlich-rationalem Geist und nostalgisch-romantischer Melancholie zur Chance zu wenden und in einem inspirierenden Mikrokosmos aufgehen zu lassen.

Ilma Rakusa würde sagen, Triest sei ein Oxymoron. Eine Stadt von ungestümer Stille zwischen Wiesengrün und Falbweiß am kantigen istrischen Karsthang vor dem homerisch-veilchenfarbenen Okeanos und mitten im geheimnisvollen circensischen Zauber, der schon auf Vergil wirkte, auf Dante, Goethe, Grillparzer und Stendhal, auf Adalbert Stifter und Gerhart Hauptmann.

Küste aufwärts, hin zur zerklüfteten Unterwelt, und Küste abwärts, der kristallenen Klarheit Istriens zu – in der Mitte der Sehnsuchtslinie der Dichtung, der literarischen Erinnerung, steht Triest. Doch die Stadt brauchte die Adria, um reich zu werden und ihre Pracht zu spiegeln, sie an der Küste in Märchenschlössern wie dem »Miramare« Maximilians von Österreich und Burgen wie Duino zu zeigen, wo Rainer Maria Rilke seine Elegien schrieb.

Auch im ideellen Mittelpunkt des Karstlandes steht Triest. In der Stadt verdingten sich die Töchter und Söhne der Karstbauern, sofern die *s'ciavi* (»Slawen« und »Sklaven«) nicht selbst die Armut und die steinigen, schmalen Dolinenfelder flohen – um sie dann schließlich zu romantisieren, wie der Italiener Scipio Slataper (dessen Hauptdarstellerin dennoch Triest ist und bleibt), und den Städtern den Gegensatz vorzuhalten, den auch Veit Heinichen in seinen Kriminalgeschichten immer wieder einfängt. Das gleichgültig rauschende Meer. Die rührige, elegante Stadt. Die unruhige Stille des Karst, unterbrochen nur von herbstlichen Weinfesten in den Osmizze und der vor- und nachwinterlich tosenden Bora negra, die schneidend den Hang hinabfegt und ungelöste Fragen durchs Land weht. Zum Beispiel: Was geschah in den Foibe, in den tiefen, unzugänglichen Spalten des Karst? Dort entledigten sich italienische und deutsche Faschisten sowie die jugoslawische Armee vor dem Einmarsch der

Alliierten ihrer Opfer; Hunderte, wenn nicht Tausende Menschen verschwanden spurlos. Im zerfressenen Stein des Karst hat die »Erde keinen Frieden und keine Fugen« (Slataper); ein Raum der Einsamkeit, der Bodenlosigkeit, den die Literatur zu überwinden sucht.

Triest und sein Umland senden viele und vieldeutige Signale aus. Drei Welten – drei Kulturen, drei Landschaften, drei Sprachen –, die in ihrer ganzen Eigenheit und Widersprüchlichkeit nebeneinander bestehen, sich in stetem Fluss begegnen, miteinander verbinden und sich wieder voneinander lösen. Der literarische Blick auf dieses schwer zu definierende Ganze ist scharf, oft weitsichtig, manchmal transzendent und dann wieder geprägt von widerstreitenden Empfindungen; er verweist nicht nur auf bildhaft erfahrbare Wirklichkeit, sondern durchdringt Zeit und Raum und wirft innere Zustände und Befindlichkeiten dieser Stadt wie Negative aus dem Verborgenen aufs Papier.

Gaby Wurster

Kosmopolis der Weltliteratur – in der »Stadt aus Papier«

Umberto Saba
Triest

Ich durchquerte die ganze Stadt,
stieg dann einen Steilhang hinauf,
der unten bewohnt ist, oben verödet,
umschlossen von niedriger Mauer:
ein Winkel, wo ich alleine
sitze; und mir scheint, mit der Mauer
endet die Stadt.

Triest hat einen spröden
Charme. Nach Laune
gleicht's einem ungeschliffenen, hungrigen Lausbub,
mit blauen Augen und viel zu plumpen Händen,
um eine Blume zu verschenken;
einer Liebe
mit Eifersucht.
Von dieser Höhe erspähe ich jede Kirche, alle Straßen,
die zum überfüllten Strande führen
oder zum Hügel, wo sich auf steiniger
Kuppe ein letztes Haus festkrallt.
Um
alle Dinge flimmert
seltsame Luft, eine quälende Luft,
die Heimatluft.

Meine Stadt, an allen Enden voll Leben,
hat auch den passenden Winkel für mich, für mein
scheues,
beschauliches Dasein.

Nino Erné
Triestiner Spaziergänge

Triest ist das Herz Europas – wenn Sie's nicht glauben, nehmen Sie Ihren Atlas und ziehen Sie mit dem Zirkel einen Kreis von zweitausend Kilometern um die Stadt: Er umschließt im Westen gerade noch die portugiesische Nasenspitze der alten Dame und im Osten den farbigen Saum ihres Rocks von Moskau bis Ankara. In Triest verbinden sich Romanen, Germanen, Slawen zu einer neuen, nur noch europäischen Bevölkerung. Achten Sie einmal auf die Namen an Türen und über Geschäften, eine Kaffeefirma heißt wie der deutsche Konsul, oder umgekehrt. Ineinander verschlungen finden Sie die Wärme und Herzlichkeit des Südens, die spröde Zuverlässigkeit des Nordens, schlaftrunkene Weichheit des Orients und einen sehr westlichen Aktivismus, in dem der Künstler mit dem Kommerzienrat geht und ein idealistisch übersteigerter, schier selbstmörderischer Patriotismus mit einem naturgegebenen Weltbürgertum zusammenprallt. Lage und Bevölkerung machten Triest einst zu einer der wichtigsten Städte der Donaumonarchie – und prädestinierten es zu einem Knotenpunkt der künftigen Vereinigten Staaten von Europa.

Kaum eine andere Stadt unseres alten Erdteils bietet dem Besucher eine so vielfältig-großartige Ankunft, ob Sie, am Rande der Karsthöhe bei Opicina angelangt, plötzlich geblendet vom schillernden Meeresspiegel, ins Zentrum hinunterrollen; ob Sie zu Schiff dem aufsteigenden Amphitheater der Häuser im hart flimmernden Licht entgegengleiten; ob Sie an der Steilküste entlangfahren und jenseits des weißen Schlosses Miramar die Stadt entdecken, die sich Ihnen in kokettem Wechselspiel zeigt und wieder entzieht.

Beginnen Sie den Tag mit einem Rundgang in die Stadt. Vom Ende des Molo Audace, so genannt nach dem Kriegsschiff, das Triest 1918 heim ins italienische Reich holte, betrachten Sie Golf und alten Hafen und wenden sich zum »großen«, auf das Meer hin geöffneten Platz Unità d'Italia. Von einer Ecke aus blickt der Direktionspalast des Lloyd Triestino auf den Molo dei Bersaglieri, wo seine eleganten weißen Ozeandampfer und Motorschiffe anlegen. Wussten Sie, dass in Triest die Schiffsschraube entdeckt und der erste Schraubendampfer gebaut worden ist? Und dass der Aufstieg der Stadt vor 250 Jahren begann, als Kaiser Karl VI. sie zum Freihafen erklärte? Erweisen Sie deshalb bitte seinem Standbild Reverenz, am anderen Ende des Platzes im Winkel zwischen dem großartig-zierlichen Palazzo Pitteri und dem nicht ganz so gelungenen Rathaus. Und heben Sie bitte den Blick zu den hohen Bogenlampen, die in ihrer Form an Triests Wahrzeichen erinnern, die Hellebarde, der Sie auf Schritt und Tritt begegnen werden. Wenn Sie es sich mit den Triestinern verderben wollen, brauchen Sie nur darauf hinzuweisen, dass ihr eigentliches Symbol nicht die Hellebarde, sondern die »Melone« sei, der dicke runde Stein, mit dem man ihren Schutzpatron San Giusto ertränkt hat.

Auf dem Platz der Börse ein paar Schritte weiter steht wieder ein Habsburger hoch zu Säule, aber nicht Maria Theresia, nach der das anschließende Viertel benannt wird. Machen Sie noch den kleinen Umweg durch die *Galleria* des Tergesteo zur Piazza Verdi mit dem beifallumrauschten ersten Theaters Italiens, das sich nach dem Komponisten nannte, übrigens auch aus patriotischen Gründen, denn unter Österreichs Herrschaft bedeutete »Viva Verdi!«: »Viva Vittorio Emanuele Re D'Italia!« Am Palazzo Carciotti vorbei, mit den Statuen auf dem Kuppeldach und den Herren des Hafenamtes im Innern, gelangen Sie zum *Canale*, auf dem noch zu Beginn unseres Jahrhunderts die Segelschiffe ins Herz der Stadt fuhren, um ihre Ladung zu löschen. Warten Sie auf der Brücke, bis ein Ruderboot unter Ihren Füßen hindurch auf die Kirche Sant' Antonio Taumaturgo – halb Palladiotempel, halb Pantheon – zusteuert, die den Abschluss der zugleich strengen und heiteren Szenerie bildet. Dem Italiener wird eben selbst sein Stadtbild gern zur Opera, buffa und seria. Sant'Antonio, Hafenamt, Hotel de la Ville, Theater und Börse, damit haben Sie Triests charakteristischen Baustil im Gefühl: europäischen Klassizismus aus der Goldenen Zeit der Stadt von 1800 bis 1840.

Rechts am Kanal, beim Ponte Rosso, können Sie im obstduftenden und blumenfarbigen Marktgewimmel »dem Volk aufs Maul schauen«, und nicht nur dem italienischen! Hierher kommen die Jugoslawen, um Textilien und Puppen einzukaufen, wie die Italiener zu ihnen über die Grenze fahren, um sich »bei Onkel Tito« mit Fleisch, Butter, Schokolade, Slivovitz und Benzin zu versorgen. Man verständigt sich auf Slowenisch oder im ungemein musikalischen Triestiner Dialekt, den alle Zugereisten, Fremdblütigen und Wahltriestiner so gern gesprochen haben, von Ettore Schmitz, Triests größtem Prosadichter, der sich Italo Svevo nannte, bis zu dessen Englischlehrer und Freund James Joyce, der in dieser Stadt sein *Jugendbildnis* schrieb und den *Ulysses* begann. Svevo hat nicht nur seine Büste im Stadtpark, eine lange Straße trägt seinen Namen und auch eine moderne Buchhandlung auf dem Corso d'Italia. Und in der Via San Nicolò, gleich ums Eck, gibt es noch die Libreria Antiquaria Umberto Saba, in der dieser bekannteste Lyriker Triests bis 1957 alte Bücher und Stiche verkauft hat.

Beim antiken Theater, nur ein paar hundert Meter entfernt, prallen etwas grell die Jahrtausende aufeinander: Neben den Ruinen erhebt sich links ein moderner Wolkenkratzer, rechts die Barockfassade von Santa Maggiore und hinter Ihnen die *Questura* im faschistischen Reichskanzleistil. Klein und schmal neben der barocken steht die romanische Kirche San Silvestro. Um sie kommen Sie nicht herum, es sei denn, Sie machen morgen einen Ausflug nach Muggia Vecchia, jenseits des neuen Industrieviertels, zum vollkommensten, raffiniert-einfachsten romanischen Kirchenbau, den ich in Oberitalien gefunden habe. Aber nun hält Sie nichts mehr davon ab, die wahrhaft malerische und fotogene Via della Cattedrale emporzusteigen, der großen Rosette in der Fassade von San Giusto entgegen. Ich mache Sie nur auf die byzantinischen Mosaiken über dem Hauptaltar und den steinernen heiligen Giusto außen am Campanile aufmerksam. Und versäumen Sie auf keinen Fall, diesen ehrwürdig-gedrungenen Turm zu besteigen! Mit der mächtigen Glocke als Vordergrund haben Sie einen ersten Blick von oben auf die Stadt, Hafen und Meer.

Lassen Sie sich von einem Taxi quer durch den Verkehr zum Suban fahren, wo Sie den berühmten *stinco* bekommen, eine Art knusprige Kalbshaxe, die es in Italien kaum irgendwo anders und nirgends so schmackhaft gibt. Dazu trinken Sie den feurig roten Merlot, womöglich einen *grande*. – Oder bummeln Sie die paar Schritte abwärts zum Giardinetto in der Via San Michele, zwischen dem kleinen Triumphbogen Arco di Riccardo (33 v. Chr.) und dem natürlich wieder klassizistischen Rundbau La Rotonda. Hier essen Sie sauberen Fisch und bezahlen nicht viel. Verlangt es Sie nach raffinierten Genüssen und etwas Schau, gehen Sie weiter bis zur Uferpromenade hinunter zum Bragozzo an der Riva Sauro. Von Ihrem Tisch aus können Sie zusehen, wie der Wirt am offenen Feuer seine preisgekrönte *pasta saltata* in der riesigen Pfanne herumwirbelt: Spaghetti, gewürzt mit Kräutern, picante ma non troppo. Hinterher einen Fisch *al cartoccio*, also umwickelt mit Stanniolpapier, im eigenen Saft geschmort und vor Ihren Augen flambiert, wenn Sie ihn nicht schlicht gegrillt vorziehen. Jedenfalls sind Sie hier vor dem ordinären Trick sicher, dass Ihnen, mehr zur Augen- als zur Gaumenweide, kleine Muscheln mit eingewickelt werden, die die Blume eines edlen Fisches, wenn ich so sagen darf, kontaminieren. Apropos Blume: Sie trinken natürlich einen Weißwein dazu, den leichten Tokai, den zarten weißen Pinot oder, für kräftigere Zungen, den sogenannten grauen, in Wirklichkeit topasfarbenen Pinot *grigio*. Falls Sie sehr viel Geld ausgeben wollen, findet der Wirt vielleicht zum Abschluss eine Flasche des seltenen Picolit, der »an einen vom Tau aufgelösten Blütenstaub erinnert«, wie der Dichter sagt.

Während der Hochsaison gibt es im Burghof auch Filmfestivals und Opernaufführungen: prachtvolle Stimmen, mäßige Regie, warme italienische Nacht als Theaterhimmel.

Ich hoffe, Sie haben angenehm geschlafen und sind frisch für eine Fahrt ins Weitere, etwa mit dem Schiff an der Küste Istriens entlang oder nördlich zu den Triestiner Badeorten. Wenn Sie etwas erleben wollen, das es nirgendwo anders gibt: Die Grotta Gigante im Karst soll die größte zugängliche und beleuchtete Höhle der Welt sein. Oder Sie fahren mit der elektrischen Bergbahn von Piazza Oberdan nur bis Opicina hinauf, blicken auf die hinter Ihnen versinkende Stadt und gehen stundenlang spazieren, in einer erfrischend herben, grünen, im Herbst leuchtenden, vom Wind glasklar gefegten Landschaft. Vielleicht landen Sie am Ende in San Lorenzo, wo Ihnen das Kletterparadies für Anfänger, la Valle Rosandra, zu Füßen liegt, und lassen mit Karstschinken, Schafskäse und Rotwein, alles selbstgemacht, in der winzigen Osteria »Bei Franz« den Tag verdämmern. Wollen Sie wirklich morgen schon nach Deutschland zurückfahren?

Elio Schmitz
Meine alte, unglückliche Familie Schmitz

Im Jahr 1870 bestand unsere Familie aus: Francesco Schmitz, meinem Vater, seinem Bruder Vittorio Schmitz, meiner Mutter Allegra Moravia Schmitz und uns Kindern, nämlich Paolina 16, Noemi 14, Natalia 13, Adolfo 11, Ettore 9 und ich 7 Jahre alt, als meine Mutter wieder schwanger wurde. Es kam ein Mädchen auf die Welt, dem man den Namen Ortensia gab. Es war ein hübsches Kind mit langen blonden Haaren.

Inzwischen war auch außerhalb unseres Familienkreises ständig vom Französisch-Preußischen Krieg die Rede. Mein Onkel war von der italienischen Partei und daher für die Franzosen, mein Vater stand auf der deutschen Seite. Ich erinnere mich, welchen Verdruss uns diese Auseinandersetzungen zwischen meinem Onkel und meinem Vater bereiteten. Aber dann kamen Metz und Sedan, und die Tatsachen setzten meinen Onkel ins Unrecht.

Es gab drei Parteien in Triest. Die erste war die der sogenannten *italianissimi* oder *irredenti*, das heißt derjenigen, die den Anschluss Triests an Italien forderten. Die zweite war die der Österreichanhänger und Konservativen, die also wollten, dass Triest bei Österreich verbleibe. Die dritte war die slawische, die wollte, dass die Slawen nach Triest kämen und die Italiener weggingen. Diese Parteien gibt es auch heute noch, und die der Irredentisten wird ständig größer, so dass wir heutzutage immer in Sorge sind, was die eine Partei macht und was die andere. Die irredentistische Partei wird heute von dem politischen Verein »Il Progresso« repräsentiert sowie von der Zeitung »L'Indipendente« und ein wenig von »Il Cittadino«; die konservative Partei vom Verein »La Patriotica«, dem deutschen Blatt »Die

Triester Zeitung« und dem italienischen »L'Adria«, der Beilage des »Osservatore triestino« (der offiziellen Zeitung). Der Panslawismus wird in Triest von dem politischen Verein »Edinost« vertreten und von der gleichnamigen Zeitung. So stehen die Dinge noch immer.

Inzwischen kam das Jahr 1871. Von diesem Jahr ist mir sehr wenig in Erinnerung geblieben. Wir wuchsen alle recht gesund heran. Unser Leben spielte sich folgendermaßen ab: Um acht Uhr standen wir auf und gingen zur Schule. Mittags spielten wir für gewöhnlich Ball, und Noemi war unsere Lehrmeisterin. Dann ging's zum Mittagessen und danach wieder in die Schule bis fünf Uhr; dann musizierten die Schwestern, danach gab es Abendessen, und dann ging es ins Bett. Der Freitagabend war für uns ein Fest. Wir blieben alle gemeinsam beim Nachtmahl, und Papa erzählte uns etwas.

Der Onkel Vito aß immer vor uns zu Mittag und kam zum Abendessen nie oder nur selten nach Haus.

1872 wechselten wir die Schule und gingen in die Privatschule von Emanuele Edeles. Das war eine Handelsschule, die recht wenig taugte. Die Lehrer waren miserabel. Der Direktor war zwar tüchtig, aber geizig und äußerst ungerecht. Um ihn zu beurteilen, genügt es, folgenden Dialog zwischen ihm und dem Lehrer Ciatto wiederzugeben:

Ciatto: »Ich würde vorschlagen, den ersten Preis an Adolfo Schmitz zu vergeben.«

Edeles: »Das steht bereits fest.«

Ciatto: »Für den zweiten Preis würde ich Ettore Schmitz vorschlagen.«

Edeles: »Oh, das kann nicht sein. Zwei Preise in einer Familie dürfen nicht vergeben werden.«

Wir lernten sehr wenig, und Ettore und Adolfo (Letzterer nicht so sehr) lasen, ohne dass mein Vater es wusste, französische Romane. Von daher rührt zum Teil Ettores Erregbarkeit.

Italo Svevo

Der alte Herr und das schöne Mädchen

Ein Trambahnwagen fuhr durch den langen Viale Sant' Andrea. Die Wagenführerin, ein schönes, zwanzigjähriges Mädchen, hielt die braunen Augen starr auf die breite, staubige, in der Sonne gleißende Fahrbahn gerichtet, und sie hatte ihren Spaß daran, den Wagen in vollem Tempo dahinsausen zu lassen, dass die Räder in den Weichen kreischten und der vollbesetzte Kasten fast aus den Schienen sprang. Die Allee war verlassen. Dennoch stieg das junge Ding beim Fahren unentwegt mit dem nervösen kleinen Fuß auf den Hebel, der die Alarmklingel betätigte. Das tat sie nicht aus Vorsicht, sondern weil sie so kindlich war, dass sie Arbeit in Spiel zu verwandeln wusste, und sie liebte es, so dahinzusausen und mit dieser erfindungsreichen Vorrichtung Lärm zu machen. Alle Kinder schreien gern beim Laufen. Sie war in bunte Fetzen gekleidet. Aufgrund ihrer großen Schönheit wirkte sie darin wie verkleidet. Eine verschossene rote Bluse ließ ihren Hals frei, der kräftig wirkte im Vergleich zu dem etwas ausgezehrten Gesichtchen, frei auch die feine Mulde, die von der Schulter zum zarten Busen überleitete. Der blaue Rock war zu kurz, vielleicht, weil im dritten Kriegsjahr der Stoff knapp war. Der kleine Fuß wirkte nackt in seinem Stoffschuh, und die blaue Mütze saß fest auf nicht sehr langen schwarzen Locken. Betrachtete man nur ihren Kopf, hätte man sie für einen Jungen halten können, wenn nicht die Haltung dieses Körperteils allein schon Koketterie und Eitelkeit verraten hätte.

Auf der Plattform rings um die schöne Arbeiterin standen so viele Leute, dass es kaum möglich war, die Bremse zu betätigen. Auch unser alter Herr war dort.

Bei heftigerem Rucken des Wagens musste er sich vorbeugen, um nicht gegen die Fahrerin geschleudert zu werden. Er war sehr sorgfältig gekleidet und auch mit der Seriosität, die seinem Alter entsprach. Wirklich eine vornehme und angenehme Erscheinung. Wohlgenährt unter so vielen blassen und unterernährten Leuten und trotzdem keine Provokation, weil er weder zu fett noch zu rosig war. Der Farbe seines Haars und seines kurzen Schnurrbarts nach hätte man ihn auf sechzig geschätzt, so ungefähr. Nichts an ihm ließ das Bestreben erkennen, jünger zu erscheinen. Die Jahre können die Liebe beeinträchtigen, und seit vielen Jahren hatte er nicht mehr an sie gedacht, aber sie begünstigen die Geschäfte, und er trug seine Jahre mit Stolz und, wenn man so sagen darf, mit Jugendlichkeit.

Seine Vorsicht hingegen war seinem Alter angemessen, und er fühlte sich nicht wohl in diesem riesigen, mit derartiger Geschwindigkeit dahinschießenden Wagen. Sein erstes an das Mädchen gerichtete Wort war eine Ermahnung: »Signorina!«

Bei dieser höflichen Anrede wandte sie ihm ihre schönen Augen zu, zögernd, nicht sicher, ob er mit ihr hatte reden wollen. Der gute Alte fand so viel Gefallen an diesem hellen Blick, dass seine Angst dadurch gemildert wurde. Er verwandelte die Ermahnung, die eigentlich eine Rüge sein sollte, in einen Scherz: »Es kommt mir wirklich nicht darauf an, ob ich ein paar Minuten früher am Tergesteo bin.« Es schien, als lächelte er über seinen eigenen Scherz, und das mochten die Leute rund um ihn auch glauben, aber sein Lächeln galt diesem Blick, der ihm zugleich schelmisch und unschuldig erschienen war. Schöne Frauen wirken zunächst immer intelligent. Eine schöne Farbe oder eine schöne Linie sind in der Tat Ausdruck der vollkommensten Intelligenz.

Sie hörte die Worte nicht, war aber völlig beruhigt durch sein Lächeln, das keinen Zweifel an der wohlwollenden Einstellung des alten Herrn ließ. Sie begriff, dass er sich im Stehen nicht wohlfühlte, und machte ihm Platz, damit er sich neben ihr an die Brüstung lehnen konnte. Und schwindelerregend ging die Fahrt weiter bis zum Campo Marzio.

Da sah das Mädchen den alten Herrn wie um Zustimmung heischend an und seufzte: »Ab hier wird's schrecklich langweilig!« In der Tat begann der Wagen nun langsam und schwerfällig über die Gleise zu wanken.

Verliebt sich ein wirklich junger Mann, löst die Liebe in seinem Gehirn oft Reaktionen aus, die mit seinem Begehren bald nichts mehr zu tun haben. Wie viele junge Männer, die es sich glücklich in einem gastlichen Bett bequem machen könnten, stellen nicht wenigstens ihre Wohnung auf den Kopf, weil sie glauben, bevor man mit einer Frau ins Bett geht, müsse man erst etwas erobern, erschaffen oder zerstören. Alte Männer hingegen, von denen es heißt, sie seien vor Leidenschaften besser geschützt, geben sich ihnen in vollem Bewusstsein hin und steigen ins Bett der Sünde einzig mit der gebotenen Vorsicht vor Erkältungen.

Einfach ist die Liebe auch für alte Männer nicht. Bei ihnen wird sie in den Beweggründen kompliziert. Sie wissen, dass sie sich entschuldigen müssen. Unser alter Herr sagte sich: ›Das ist also das erste echte Abenteuer seit dem Tod meiner Frau.‹ In der Sprache der alten Herren ist ein Abenteuer echt, wenn auch das Herz dabei ist. Man kann sagen, dass ein Alter selten so jung ist, ein unechtes Abenteuer zu erleben, denn das bedarf einer Anpassung, hinter der sich nur eine Schwäche verbirgt. So setzen Schwächlinge, wenn sie einen Fausthieb geben wollen, nicht nur die Faust, den Arm und die Schulter ein, sondern auch die Brust und die andere Schulter. Durch die übersteigerte Anstrengung fällt der Fausthieb schwach aus, während das Abenteuer an Klarheit verliert und gefährlicher wird.

Dann dachte der alte Herr, was ihn erobert habe,

sei der Kinderblick des jungen Mädchens gewesen. Wenn alte Herren lieben, nehmen sie immer den Umweg über die Väterlichkeit, jede ihrer Umarmungen ist ein Inzest und hat dessen herben Beigeschmack.

Ein dritter, wichtiger Gedanke kam dem alten Herrn, der sich dabei köstlich sündig und jung fühlte: ›Die Jugend kehrt wieder.‹ So groß ist der Egoismus eines alten Mannes, dass seine Gedanken auch nicht einen Moment am Gegenstand seiner Liebe haften bleiben, ohne sofort wieder zur Selbstbetrachtung zurückzukehren. Wenn er eine Frau begehrt, erinnert er an König David, der sich von jungen Mädchen die Jugend erhoffte.

Der Alte aus der antiken Komödie, der meint, es der Jugend gleichtun zu können, dürfte, wenn es ihn überhaupt noch gibt, überaus selten sein. Mein alter Herr setzte seinen Monolog fort und sagte sich: ›Diese Kleine werde ich kaufen …, wenn sie käuflich ist.‹

»Tergesteo! Steigen Sie nicht aus?«, fragte das junge Mädchen, bevor sie den Wagen wieder in Bewegung setzte. Verlegen sah der gute alte Herr auf die Uhr: »Ich fahre noch ein Stückchen weiter«, sagte er.

Es waren nicht mehr so viele Leute da, und er hatte keinen Vorwand mehr, so nahe bei dem jungen Mädchen zu bleiben. Er richtete sich auf und lehnte sich in eine Ecke, von wo aus er sie bequem betrachten konnte. Sie musste spüren, dass sie beobachtet wurde, denn wenn sie nicht von den Fahrmanövern beansprucht war, blinzelte sie neugierig zu ihm herüber. Er fragte sie, seit wann sie diese anstrengende Arbeit ausübe. »Seit einem Monat!« Gar so anstrengend sei sie nicht, sagte sie im selben Moment, als sie ihren ganzen kleinen Körper als Hebel einsetzen musste, um die mechanische Bremse zu betätigen, aber manchmal sei sie sehr langweilig. Das Schlimmste war, dass die Bezahlung, die sie bekam, nicht ausreichte. Ihr Vater arbeitete noch, aber bei den Lebensmittelpreisen war es schwer auszukommen. Und nach wie vor auf ihre Arbeit konzentriert, sprach sie ihn mit seinem Familiennamen an: »Wenn Sie wollten, wäre es leicht für Sie, etwas Besseres für mich zu finden«, und sofort sah sie ihn an, um auf seinem Gesicht die Wirkung dieser Bitte abzulesen.

Die plötzliche Nennung seines Namens erschütterte den guten alten Herrn etwas. Der Name eines älteren Herrn ist immer selbst ein wenig alt und verpflichtet seinen Träger. Er verscheuchte aus seinem Gesicht jede Spur von Anspannung, die sein Begehren hätte verraten können. Es wunderte ihn nicht, dass das junge Mädchen seinen Namen kannte, denn fast alle begüterten Familien hatten die Stadt verlassen, und die wenigen, die geblieben waren, fielen daher auf. Er sah anderswo hin und sagte mit großem Ernst: »Jetzt ist das etwas schwierig! Aber ich werde darüber nachdenken! Was können Sie denn?« Sie konnte lesen, schreiben und rechnen. An Sprachen konnte sie nur Triestinisch und Friaulisch.

Eine alte Frau aus dem Volk, die ebenfalls auf der Plattform stand, fing schallend zu lachen an. »Triestinisch und Friaulisch! Ah, das ist gut!« Das junge Mädchen lachte auch, während der alte Herr in dem krampfhaften Bemühen, seine innere Erregung nicht erkennen zu lassen, ein falsches Lachen lachte. Die Frau aus dem Volk, die gern mit einem so vornehmen Herrn plauderte, hörte gar nicht mehr auf zu reden, und er ließ sich darauf ein, um besser Gleichgültigkeit vortäuschen zu können. Endlich ließ sie sie allein. Der alte Herr platzte sofort heraus: »Wann haben Sie frei?«

»Um neun Uhr abends.«

»Gut«, sagte der gute alte Herr. »Kommen Sie heute Abend, denn morgen kann ich nicht.« Und er nannte ihr seine Adresse, die sie zwei- oder dreimal wiederholte, um sie nicht zu vergessen.

Alte Herren haben es eilig, denn sie unterliegen dem Gesetz der Natur, das dem Alter Schranken setzt. Dieses Rendezvous, das mit der Miene des Wohltäters und Beschützers erbeten und mit der entsprechenden Dankbarkeit gewährt worden war, versetzte den alten Herrn in freudiges Erstaunen. Wie gut das alles lief!

Aber alte Herren lieben Klarheit in den Geschäften, und er konnte sich noch nicht entschließen, diese Plattform zu verlassen. Im Zweifel an seinem Glück fragte er sich bang: ›Und genügt das? Müsste man nicht noch etwas hinzufügen? Und wenn sie nun ernstlich glaubt, sie sei eingeladen, um eine Empfehlung für eine Anstellung abzuholen?‹ Er wollte die Zeit bis zum Abend nicht in unnützer Aufregung verbringen und wäre sich seiner Sache gern sicherer gewesen. Aber wie das nötige Wort aussprechen, ohne seinen angesehenen Namen vor dem jungen Ding zu kompromittieren, falls sie von ihm wirklich nichts anderes annehmen wollte als eine Anstellung? Im Grunde wäre die Situation fast genauso gewesen, wenn er jünger gewesen wäre. Aber er war alt! Mit etwas Erfahrung oder auch zuvor schon, noch gänzlich ohne Erfahrung, finden junge Männer alles Nötige, ein alter Mann hingegen ist ein zerfahrener Liebhaber. Seinem Liebesmechanismus fehlt mindestens ein Rädchen.

Schließlich dachte sich der alte Herr nichts Neues aus, sondern erinnerte sich. Er erinnerte sich, wie er als Zwanzigjähriger – also vor etwa vierzig Jahren und damit lange vor seiner Heirat – einer Frau (die wesentlich älter war als die auf der Plattform), die unter irgendeinem Vorwand und im Beisein anderer schon versprochen hatte zu kommen, leise aber mit erregter Stimme die Einladung wiederholt hatte: »Kommen Sie?« Das würde genügen. Aber hier beobachtete ihn die ganze Straße, die die jungen Verliebten beneidet und die alten verspottet, deshalb durfte keine Erregung in seiner Stimme liegen.

Beim Aussteigen aus dem Wagen sagte er zu dem jungen Mädchen: »Ich erwarte Sie also heute Abend um neun.« Nachträglich entdeckte er, dass seine Stimme – entweder weil die Straße ihn beobachtete oder vor Begehren – gezittert hatte. Aber das bemerkte er nicht sofort, und als das junge Mädchen antwortete: »Sicher! Ich komme bestimmt!«, und dabei den Blick einen Moment lang von den Schienen weg ihm zuwandte, schien es ihm, als gelte die Zusage dem Wohltäter. Aber als er es sich dann noch einmal überlegte, war alles klar wie vor vierzig Jahren. Im Leuchten dieses Blicks war etwas Listiges gewesen, und in seiner Stimme bange Erwartung. Es war sicher, sie hatten sich verstanden. Großzügig gewährte ihm Mutter Natur, noch einmal, ein letztes Mal, zu lieben.

James Joyce

Beim Fleischhauer des Ulysses

Wo kriegen die bloß das Geld her? Kommen als rothaarige ›Kuraten‹ aus der finstersten Provinz, Leitrim etwa, spülen Leergut und Rückstände im Keller. Und auf einmal, schau an, treiben sie Blüten wie die Adam Findlaters oder Dan Tallons. Man muss ja die Konkurrenz bedenken. Allgemeiner Durst. Wäre ein ganz schönes Geduldsspiel, quer durch Dublin, ohne an einer Kneipe vorbei. Viel sparen können sie nicht. Höchstens bei den Besoffenen. Drei hin und fünf im Sinn. Aber was bringt das schon. Hier und da mal nen Schilling, Schnickschnack. Aber per En-gros-Bestellungen vielleicht. Macht man doppelten Reibach bei den Stadtreisenden. Komm du mit dem Chef klar, und wir teilen uns die Penunzen, topp?

Auf wieviel käme sich das wohl im Monat beim Porter? Sagen wir doch mal zehn Fässer Ware. Sagen wir, er macht zehn Perzent. Nee, mehr. Zehn. Fünfzehn. Er kam an der St. Joseph vorbei, der Volksschule. Einen Krach machen die Blagen. Fenster offen. Frische Luft stärkt das Gedächtnis. Oder ein lustiger Merkvers. Ahbezeh deäffgeh ijottkah elmnopeh kuherest uff au weh. Sind das Jungens? Ja. Inishturk. Inishark. Inishboffin. Haben Ehrtkunne. Meiner. Das Bloom-Gebirge.

Er blieb vor Dugaczs Schaufenster stehen und starrte die Ketten von Knackwürsten an, Bologneser, schwarz und weiß. Fünfzig multipliziert mit. Die Ziffern verblichen ungelöst in seinem Geist: Missmutig ließ er sie schwinden. Die glänzenden Würstchen, prall gestopft aus Füllfleisch, nährten seinen Blick, und voll Ruhe atmete er den lauwarmen Hauch gekochten und würzigen Schweinebluts ein.

Einer Niere entsickerten Blutstropfen auf den weidegemusterten Teller: die letzte. Er stand am Ladentisch neben dem Mädchen vom Nachbarhaus. Wollte die sie etwa auch kaufen? Sie las die einzelnen Posten von einem Zettel ab in ihrer Hand. Rissig: Waschsoda. Und anderthalb Pfund Denny's Würstchen noch. Seine Blicke ruhten auf ihren kräftigen Hüften. Woods heißt er. Möchte wissen, was der eigentlich macht. Seine Frau ist schon etwas ältlich. Frisches Blut. Verehrer nicht gestattet. Stramme Arme. Beim Teppichklopfen einmal auf der Wäschleine. Die haut zu, beim heiligen Georg! Und wie ihr der schiefe Rock schwingt bei jedem Schlag.

Der frettchenäugige Schweineschlachter legte die Würste zusammen, die er mit den fleckigen Fingern, würstchenrosa, abgeschnippt hatte. Gesundes Fleisch, die da, wie eine stallgefütterte Färse.

Er nahm sich ein Blatt von dem Stoß zugeschnittenen Einwickelpapiers. Die Musterfarm in Kinnereth am Seeufer des Tiberias. Kann ideales Wintersanatorium werden. Moses Montefiore. Dacht ichs doch, der. Bauernhaus, Mauer drumrum, verschwommen weidendes Vieh. Er hielt das Blatt von sich ab: interessant: las genauer, das verschwommen weidende Vieh, auf raschelnder Seite. Eine junge, weiße Färse. Jene Morgengänge über den Viehmarkt, die Tiere muhend in den Verschlägen, gebrandmalte Schafe, flappend fallender Dung, die Züchter in grobgenagelten Stiefeln, stapfend durch die Spreu, mit flacher Hand auf ein prallfleischiges Hinterviertel schlappend, prima Qualität das hier, ungeschälte Gerten in den Händen. Er ließ das Blatt schief sinken, geduldig, lenkte die Sinne ab und den Willen, brachte das sanft unterwürfige Starren zur Ruhe. Der schiefe Rock: schwang Schlag um Schlag um Schlag.

Der Schweineschlachter grapschte sich zwei Blatt von dem Stoß, wickelte ihr die prima Qualitätswürstchen ein und zog eine rote Grimasse.

»Das wärs, mein Fräulein«, sagte er.

Sie reichte ein Geldstück, keck lächelnd dabei, das dicke Handgelenk ausgestreckt.

»Dankeschön, mein Fräulein. Und ein Schilling drei Pence zurück. Der Herr, bitte?«

Mr. Bloom zeigte rasch. Um sie einzuholen und hinter ihr zu gehen, wenn sie langsam ging, hinter ihren schaukelnden Schinken. Hübsch zu sehen so als Erstes am Morgen. Beeil dich, verdammt. Heu muss man machen, solange die Sonne scheint. Sie stand draußen vor dem Laden im Sonnenschein und schlenderte lässig nach rechts. Er stieß einen Seufzer die Nase hinab: Sie verstehn aber auch nie. Sodarissige Hände. Verkrustete Zehennägel auch. Braunes Schulterkleid in Fetzen, schützt sie gleich doppelt. Die nagende Missachtung erglühte zu schwacher Freude in seiner Brust. Für einen andern: Ein Schupo außer Dienst hat sie mal abgeknutscht in der Eccles Lane. Die mögens, wenn ordentlich was dran ist an einer. Prima Qualitätswürstchen. Ach bitte, Herr Wachtmeister, ich hab mich im Wald verlaufen.

»Drei Pence, bitte.«

Seine Hand empfing die feuchte weiche Drüse und ließ sie in eine Seitentasche gleiten. Dann holte sie drei Münzen aus der Hosentasche und legte sie auf die Stacheln der Gummiunterlage. Da lagen sie, wurden rasch gezählt und glitten rasch, Scheibchen um Scheibchen, in die Ladenkasse.

»Vielen Dank, der Herr. Beehrn Sie mich bald wieder.«

Ein Aufflackern gierigen Feuers aus Fuchsaugen dankte ihm. Er zog den Blick davon ab nach einem Moment. Nein: lieber nicht: bald wieder.

»Guten Morgen«, sagte er und wandte sich zum Gehen.

»Recht guten Morgen auch, der Herr.«

Keine Spur. Verschwunden. Was solls auch.

Claudio Magris
Grenzbetrachtungen

Die Grenze ist etwas Zwiefaches und Doppeldeutiges: Bisweilen ist sie eine Brücke, um dem anderen entgegenzugehen, bisweilen eine Schranke, um ihn zurückzustoßen. Oft entspringt sie dem Wahn, jemanden oder etwas auf die andere Seite verweisen zu wollen, die Literatur ist unter anderem auch eine Reise auf der Suche nach der Entzauberung dieses Mythos der anderen Seite, der Versuch, zu verstehen, dass jeder bald hier und bald dort steht – dass jedermann, wie in einem mittelalterlichen Mysterienspiel, der andere ist. Scipio Slataper, der Schriftsteller, der die literarische Landschaft von Triest erfunden hat und der gefallen ist im Kampf um die Vereinigung Triests mit Italien, beginnt *Il mio Carso* mit dem Versuch, zu sagen, wer er sei, und entdeckt dabei, dass er seine Identität, um sie in seiner ganzen Tiefe darzustellen, erfinden muss; dass er sich für einen anderen ausgeben muss, anderswo geboren, an einem Ort in jener slawischen Welt, die sich mit der Italianità Triests im Widerstreit befindet, auch wenn sie einen Teil der triestinischen Kultur ausmacht.

In Triest bin ich geboren, und dort habe ich bis zu meinem achtzehnten Jahr gelebt. In meiner Kinderzeit war es nicht nur eine Grenzstadt, sondern schien selbst eine Grenze zu sein, bestehend aus vielen Grenzen, die sich in seinem Inneren überschnitten, sich in den Charakteren und der Lebensweise seiner Einwohner kreuzten. Grenzlinien sind Linien, die durch einen Körper laufen und ihn schneiden, die ihn zeichnen wie Narben oder Falten und so manchen nicht nur von seinem Nachbarn, sondern auch von sich selbst trennen.

Die triestinische Grenze ist und war vor allem eine Grenze gegen Osten. Wenn ich mit meinen Freunden in den Karst spielen ging, hatte ich ganz konkret den Eisernen Vorhang vor Augen. Die Grenze, die damals die ganze Welt entzweischnitt, verlief nur einige wenige Kilometer vor meinem Haus. Jenseits davon begann jene riesige, unbekannte und bedrohliche Welt, die Stalins Herrschaftsbereich war, eine zumindest bis Anfang der fünfziger Jahre noch schwer zugängliche Welt. Die Gebiete jenseits der Grenze, die nunmehr zum »anderen« Europa gehörten, waren jedoch noch wenige Jahre zuvor italienisch gewesen, bis Jugoslawien sie bei Kriegsende besetzte und annektierte. In meiner frühen Kindheit hatte ich sie gesehen und kennengelernt, sie waren und sind ein integraler Bestandteil der triestinischen Welt und meiner eigenen Wirklichkeit.

Jenseits der Grenze war also gleichzeitig das Bekannte und das Unbekannte. Ein Unbekanntes, das man wiederentdecken musste. Schon als Kind begriff ich, wenn auch undeutlich, dass ich jene Grenze überschreiten musste, wollte ich wachsen und meine Persönlichkeit entwickeln, dass sie nicht völlig gespalten wäre. Ich musste sie nicht nur physisch überschreiten, mithilfe eines Visums im Pass, sondern vor allem innerlich, indem ich die Welt jenseits der Grenze neu entdeckte und meiner Realität einverleibte. […]

Die Grenze ist eine Brücke oder Schranke. Sie bringt den Dialog in Gang oder unterdrückt ihn. Meine *éducation sentimentale* stand im Zeichen einer Odyssee der Grenzen, ihrer Willkürlichkeit und Unvermeidlichkeit. Dazu gehört zum Beispiel die Bezeichnung von Triest als »kleines Berlin«, die man damals häufig hören konnte. Der Eiserne Vorhang war in nächster Nähe und schnitt die Stadt, zumindest bis zur Mitte der fünfziger Jahre, von ihrem Hinterland, also von sich selbst ab. Er spaltete unsere Existenz. Der Vergleich mit Berlin passte im Übrigen viel besser zu Görz, der buchstäblich zweigeteilten Stadt. »Genau wie in Berlin«, sagte mit einer gewissen Genugtuung Dr. Krainer, ein Görzer Notar österreichischer Herkunft, wenn er die Fenster seines Hauses öffnete, die auf die Stazione Transalpina hinausblickten, und auf den Stacheldraht zeigte, der wenige Meter unterhalb verlief.

Es gibt Städte, die an einer Grenze liegen, und wieder andere, die die Grenzen in sich tragen und von ihnen bestimmt sind. Das sind solche Städte, denen die politischen Ereignisse einen Teil ihrer Wirklichkeit rauben, wie zum Beispiel das Hinterland, die feste Verbindung mit dem Rest des nationalen Territoriums. Die Geschichte schlägt ihnen Wunden, sie macht ein Welttheater, das heißt ein absurdes Theater aus ihnen. In diesen Städten nun kann man die Zweideutigkeit der Grenze, ihre positiven und negativen Aspekte besonders nachhaltig erleben, die offenen oder geschlossenen, starren oder unbeweglichen, unzeitgemäßen oder niedergerissenen, schutzbietenden oder zerstörerischen Grenzen.

In Triest führte all dies häufig zu einem Gefühl der Unsicherheit, der Nichtzugehörigkeit und des Fremdseins, zu dem widersprüchlichen Gefühl, zugleich im Zentrum und an der Peripherie zu leben. Die Stadt, die bis 1954 ein von den Amerikanern und Engländern verwalteter Freistaat war, gehörte und gehörte auch wieder nicht zu Italien. Leichter als anderswo kamen einem hier Zweifel an der Zukunft, man wusste nicht recht, wer und was man war, und das wieder brachte einen dazu, ständig die eigene Identität in Szene zu setzten. Das kollektive Bewusstsein litt, allseits von Grenzen umgeben, unter Erstickungsängsten, umgab sich aber seinerseits fieberhaft mit neuen Abgrenzungen, um jeder klar bestimmten Zuordnung zu entgehen und sich aufgrund dieses verzweifelten Andersseins eine eigene Identität zu konstruieren. Eine italienische Stadt, die ihre nationalen Leidenschaften zwar heftig ausgelebt hatte, deren Patrioten jedoch oft Namen trugen, die ihre deutsche oder slawische

Herkunft verrieten, ähnlich wie in Prag die Deutschnationalen mit den tschechischen Familiennamen und umgekehrt. Oder wie die Führer der kroatischen Unabhängigkeitsbewegung in Dalmatien, die sich im vorigen Jahrhundert im Café Muljačić in Split trafen und in italienischer Sprache die kühnsten kroatischen Programme entwarfen. Triest war eine Stadt, die sich für so besonders italienisch hielt, dass sie sich häufig vom Rest der Nation unverstanden fühlte und sich demgemäß als das echtere Italien vorkam – jenseits des Isonzo, einer anderen einschneidenden Grenze im Atlas der Geopolitik und der Phantasie, das offizielle und demnach weniger echte Italien.

Diese Stadt war stolz auf ihre vielerlei nationalen Elemente und zugleich beargwöhnte sie sie – wie, unter anderem, das deutsche und/oder das deutschösterreichische, das griechische, das serbische, das armenische, vor allem aber das slowenische. Letzteres wurde von den einen verdrängt und von den anderen überbetont, etwa so, wie man es mit einem heimlichen Doppelgänger tut. Manchmal, wenn ich durch die Stadt ging, fragte ich mich, bei welchem Pflasterstein die von den Nationalisten pathetisch verkündete Welt der Slawen beginne, die sich über Tausende Kilometer bis nach Asien hin ausdehnte. Vielleicht war Triest schon zur Zeit seiner Blüte am Anfang des Jahrhunderts eine blockierte Stadt, in der James Joyce Dublin und Irland wiedergefunden hatte, die unerträgliche und unvergessliche Heimat, die ihn verfolgte und die der Flüchtling ebenso notwendig braucht wie der Dichter: ein Mutterschoß, aus dem man flieht und von dem man doch nie loskommt, eine Stadt, die einen unweigerlich dazu bringt, ständig schlecht von ihr zu reden, vor allem aber ständig von ihr zu reden.

Unter den vielen Gesichtern Triests tritt das jüdische besonders deutlich hervor. Die Juden, die die kulturelle, wirtschaftliche und politische Entwicklung der Stadt entscheidend beeinflusst hatten, hatten sich auch mit ihr und ihrer Option für Italien identifiziert. Zugleich hatten sie ihr aber auch eine mitteleuropäische Prägung verliehen, die ohne die jüdische Komponente nicht denkbar ist. Triest ist einer der bedeutenden Orte des Judentums – doch damit ist 1938, mit den Rassegesetzen, Schluss.

Auch die Zeitgrenzen waren in Triest irgendwie anders, sie waren nach vorne und nach rückwärts verschoben. Als ich in Turin studierte und gelegentlich nach Triest heimkehrte, hatte ich jedes Mal den Eindruck, in ein anderes Zeitsystem einzutreten. Die Zeit verkürzte und dehnte sich, sie zog sich zusammen und gerann zu Klumpen, die man fast mit der Hand greifen konnte, sie löste sich auf wie Nebelbänke. So als liefe die Zeit auf vielen Geleisen dahin, die sich kreuzten und dann wieder gabelten, um in verschiedene und entgegengesetzte Richtungen zu führen. 1948, zur Zeit des schicksalhaften Wahlkampfes, in dem Kommunismus und Antikommunismus zum entscheidenden Treffen gegeneinander antraten, schien das Jahr 1918, das Ende des Ersten Weltkriegs und die Eingliederung der Stadt Triest in den italienischen Staatsverband, sehr weit entfernt. Es gehörte schon der Erinnerung an, ein abgeschlossenes Kapitel der Geschichte, das keine leidenschaftlichen Diskussionen oder Polarisierungen mehr hervorrufen konnte. Doch einige Jahre später war genau diese Vergangenheit plötzlich wieder aktuell geworden, verflocht sich mit der Gegenwart und war in gewisser Hinsicht wieder ein Teil von ihr, verflocht sich mit der aktuellen politischen Realität.

Die Erfahrung dieses Gewirrs führte zu einer vorzeitigen Desillusionierung, einem nüchternen Skeptizismus gegenüber jedem Glauben an einen geradlinigen Fortschritt der Geschichte. In diesem *cul de sac* der Adria, wo das Meer alle Enttäuschungen ans Ufer spült, sind früher als anderswo sehr viele Illusionen hinsichtlich des real existierenden Sozialismus zusammengebrochen. Zwischen 1945 und 1948 kam viel ans Tageslicht, was anderswo erst 1956 oder 1968 deutlich erkennbar wurde, vielleicht auch eine Vorahnung von der Brüchigkeit des Kommunismus, die 1989 fast alle so sehr überrascht hat. [...]

Meine *éducation sentimentale* stand im Zeichen vieler Grenzerfahrungen: verlorengegangene oder gesuchte Grenzen, die dann in Wirklichkeit oder im Herzen wiederaufgerichtet wurden. Nach dem Phantomstaat der Kosaken war für mich eine andere grundlegende Erfahrung dieser Art der Exodus der Italiener, die am Ende des Zweiten Weltkriegs Italien verließen. Nachdem Titos Jugoslawien in einem einzigartigen Widerstandskampf die Freiheit errungen hatte, holte es sich nicht nur slawische Gebiete zurück, sondern annektierte mit Istrien und Fiume auch italienisches Territorium. In den Jahren davor hatten die Faschisten die Slawen unterdrückt, deren Rechte auch von vielen Italienern mit nicht ausgesprochen faschistischer, aber nationalistischer Gesinnung zu wenig geachtet worden waren. Die jugoslawische Revanche im Zeichen des Totalitarismus war gewalttätig und machte keine Unterscheidungen. In diesen Jahren der Angst, der Einschüchterung und des Verbrechens verließen etwa dreihunderttausend Italiener nach und nach ihren Grund und Boden, ihr Zuhause, irrten unstet umher oder lebten, manche sogar viele Jahre lang, in Flüchtlingslagern. Diese Menschen, die alles verloren hatten, fanden häufig kein Verständnis und kein Interesse für ihr dramatisches Schicksal und umgaben sich daher oft ihrerseits mit neuen Barrieren, die sie in ihren Herzen errichteten. Diese Grenzbarrieren der Verbitterung und des Ressentiments trennten die Flüchtlinge nicht nur von ihrer verlorenen Heimat, sondern oft auch von dem Land, in das sie sich eingliedern wollten, das sie aber nicht zur Kenntnis nahm oder ihnen zumindest teilweise das Gefühl gab, Fremde zu sein.

Andere, noch tiefere Gräben taten sich um eine besondere Art von Flüchtlingen auf. Es waren jene, die sich genauso wie die anderen gegen die nationalistischen Gewaltmaßnahmen der Slawen zur Wehr gesetzt, dann das Schicksal der Vertreibung erlitten hatten (wo sie auf das Unverständnis des offiziellen Italiens gestoßen waren), aber dennoch nicht in den Chor der italienischen Nationalisten mit einstimmen wollten. Sie lehnten jede pauschale Verurteilung der Slawen ab und sahen weiterhin im Dialog zwischen Italienern und Slawen ihre eigentliche Aufgabe. Da sie auch weiterhin ihre Welt, ihr istrisches Küstenland an der Adria, als eine buntgemischte und zusammengesetzte, nicht ausschließlich italienische und nicht ausschließlich slawische, vielmehr italienische und slawische Welt betrachteten, verfolgte sie sowohl der Hass der slawischen als auch der italienischen Nationalisten in einem solchen Maß, dass sie in eine Art von geistigem Niemandsland gerieten, umgeben von ganz besonderen Grenzen.

Diese Ostgrenze Italiens war der Schauplatz einer anderen Auswanderung, zahlenmäßig sehr viel bescheidener, aber weitaus weniger bekannt und tragischer. Ihrer habe ich im Roman *Ein anderes Meer* und in *Die Welt en gros und en détail* gedacht: 1947, während die italienischen Flüchtlinge Istrien und die übrigen jugoslawisch gewordenen Gebiete verließen und nach Italien kamen, legten etwa zweitausend italienische Arbeiter aus Monfalcone, einer kleinen Stadt bei Triest, den entgegengesetzten Weg zurück. Als überzeugte Kommunisten, die die faschistischen Gefängnisse und die deutschen Lager kennengelernt hatten, ließen sie alles zurück und gingen nach Jugoslawien, um zum Aufbau des Kommunismus beizutragen. Als Tito mit Stalin brach, wurden sie als Stalinisten verfolgt und in zwei Gulags gebracht, wo sie allen erdenklichen Gewalttaten ausgesetzt wurden und im Namen Stalins widerstanden, der für sie das Ideal und die gerechte Sache verkörperte. Als sie, endlich in Freiheit, nach Italien zurückkehrten, wurden sie als Kommunisten verfolgt und von der Kommunistischen Partei als unbequeme Zeugen der stalinistischen Vergangenheit angefeindet. Sie standen wieder einmal auf der anderen Seite, im falschen Moment auf der falschen Seite, von den härtesten und erbarmungslosesten Schranken eingeschlossen. [...]

Wenn die Grenze aber als Schranke dient, um den anderen zurückzustoßen, wird sie zum Idol. Die zwanghafte Beschäftigung mit der eigenen Identität, die um so dichtere Grenzen nötig hat, je mehr sie einer unmöglichen und rückschrittlichen Reinheitsideologie anhängt, führt zur Gewalt. Dafür ist der grauenvolle und stumpfsinnige Krieg in Ex-Jugoslawien heute ein extremes, aber nicht das einzige Beispiel in Europa. Wie jedes Idol fordert die Grenze oft Blutopfer, und besonders in der letzten Zeit hat das Entstehen von Grenzneurosen, die Entfesselung eines wütenden und vollkommen irrationalen Partikularismus, der sich, wo immer er auftritt, unter Vergötzung seiner eigenen Besonderheit in sich selbst verschließt und jeden Kontakt mit den anderen ablehnt, grausame Kämpfe entfacht. Die Verschiedenheit, wiederentdeckt und zu Recht als Variationsmöglichkeit des allgemein Menschlichen geschätzt, führt zu seiner Verneinung und Vernichtung, wenn man sie verabsolutiert. Diesem Fetischismus muss man Nietzsches Worte entgegenhalten, irreführend, wenn man sie buchstäblich auffasst, aber wahr und einleuchtend als Metapher: »Wozu sich in hässliche Sprachen verlieben, weil unsere Mütter sie sprachen? Warum dem Nachbar gram sein, wenn an mir und an meinen Vätern so wenig zu lieben ist?«

Ferruccio Fölkel
Triste Tri(e)ste

Ich muss die Bora wiedergewinnen
oder hier zugrunde gehn
in meiner Heimatstadt
in meinem tristen Triest
in meinem Triest triste
das ich unmöglich lieben kann
aber auch nicht hassen.

Anna Maria Mori
In Triest

In Triest, wo es auf der Piazza dell'Unità in der Sonne, am Meer, so schön ist, dass dir das Herz aufgeht, hörst du alles außer Italienisch. Man spricht Dialekt (vor allem), Slowenisch, Kroatisch, ja sogar Deutsch. Spricht man mit dir Dialekt, so ist das ein Zeichen dafür, dass sie dich aufgenommen haben: Du bist eine von uns. Wenn sie dich auf Italienisch (hier sagt man »in der Sprache«) ansprechen, wenn auch mit einem gewissen Widerwillen, dann wollen sie dir zu verstehen geben, dass du ein Gast bist, ein Fremder, ein *foresto*.

Hier sprechen alle Dialekt – Händler wie Kleinkrämer, kultivierte Intellektuelle, Politiker und Journalisten, Reich und Arm, Alt und Jung, Männer wie Frauen. Dialekt zu sprechen bedeutet hier aber etwas anderes als sonst in Italien, in Apulien etwa, in Kalabrien oder Sardinien. Dort gehört der Dialekt ins Private, ins Intime, in Triest aber vertritt man damit einen öffentlichen, ja einen politischen Standpunkt. Denn in dieser Stadt, die zugleich provinziell und europäisch-mondän ist – aus einer Geschichte und einer Tradition heraus, die sehr viel weiter zurückreicht als die so junge Europäische Verfassung –, in dieser Stadt kann es sein, dass sich die Leute, bewusst oder unbewusst, in den Dialekt flüchten, um sich der allzu augenfälligen und somit offensiven Wahl einer einheitlichen Umgangssprache zu entziehen – und dann auch noch der italienischen, die am Ende mit allen anderen Sprachen des vergangenen und gegenwärtigen Triestiner Babel in Widerspruch träte.

In Triest schlendern die Leute gemächlich umher, ruhig, scheinbar weit weg und auch gleichgültig gegenüber den Tragödien der Welt, die man in Rom eher spürt als in Turin oder Mailand. Hier spricht man, oder besser, hier plaudert man wie *ai bei tempi*, wie in den guten alten Zeiten: über den Hund, das Kind, die Pflanzen im Garten, das Abendessen gestern und das Mittagessen morgen, über das Meer, den Ausflug in den Karst, übers Pilzesammeln oder Trüffelsuchen.

In Triest wirken die Menschen auf den ersten – und natürlich auf einen oberflächlichen – Blick glücklich oder zumindest ausgeglichen. Du hast den Eindruck, in einer anderen Welt zu sein, einer Welt, die es vielleicht gar nicht gibt, und die die Triester von Tag zu Tag neu erfinden. »Ich hatte eine schöne Stadt zwischen felsigen/Bergen und dem leuchtenden Meer«, lauten Sabas Verse auf der Tafel vor seiner Bronzestatue – die ihn so klein darstellt, wie er war, kleiner als die Passanten, die seine Anwesenheit fast gar nicht bemerken; mit Schildmütze, Spazierstock und Pfeife (die irgendein Depp vom Dienst wenige Tage nach der Aufstellung des Denkmals geklaut hat) steht er unbeweglich in der Via Dante, Ecke Via San Nicolò.

In Triest begegnen dir graue Haare und klare Augen, so viele vom Leben ergraute Haare, mit dem Stolz und der Selbstsicherheit einer Stadt getragen, die ihre Wurzel und ihre Orientierung in einem Anderswo hat, das nicht seinesgleichen findet. Triest ist anders als das Italien, das den TV-Vorbildern folgt – wahrscheinlich stehen alle, jedenfalls viele, politisch rechts […], aber die Triester sind eher aus Schmerz und Sentimentalität (wegen Mitteleuropa, den Habsburgern?) rechts, als dass es ihnen wie den neuen italienischen Milliardären, die auch noch Ministerpräsidenten werden können, ums Lifting geht oder dass sie mit Kopftüchern und Hawaiihemden herumlaufen wie alternde Amerikaner, die hier mitsamt ihrem Alzheimer Urlaub machen. Im Gegensatz zum Italien der geschlitzten Röcke und Pumps trägt man hier Loden und Mokassins, und die Männer legen Wert auf eine ordentliche Bügelfalte in der Hose. In Triest ist es noch Mode, zum

Frisör zu gehen und sich die Haare in Ordnung statt in Unordnung bringen zu lassen.

In Triest, heißt es, bitten sie dich nicht in die gute Stube, wenn auch nur ein Sofakissen am falschen Platz liegt.

In Triest lächeln alle, und alle, vor allem die Älteren, sind misstrauisch. Vor wenigen Jahren wurde beschlossen, die »Sissi«-Statue (auf dem Sockel erscheint ihr Name natürlich vollständig: Elisabetta; Bronze auf Marmor) wieder aus einem Magazin zu holen, wo sie seit dem Ende des Ersten Weltkriegs geschlummert hat, und sie zu entstauben: die legendäre Kaiserin, Franz-Josefs unglückliche Gemahlin, Wegbereiterin moderner Anorexie und weiblichen Ungehorsams. Aber irgendwie, ganz sicher unbewusst, will man sie auf Werte »zurechtbiegen«, die nicht die ihren waren, nämlich die althergebrachten weiblichen Tugenden, vor allen Dingen Bescheidenheit, und so versteckt man sie verschämt unter den Bäumen eines schäbigen kleinen Parks vor dem Bahnhof. Denn das Österreich-Ungarn, dem man in Triest huldigt, war ein »ordentliches Land«, und das soll es bleiben. Deshalb muss auch seine rebellische Kaiserin in Triest ordentlich, anständig und gehorsam dastehen.

Auf der Piazza dell'Unità unter der Turmuhr, die auf dem Dach des prachtvollen Rathauses die ganzen, die halben und die Viertelstunden schlägt, wird k. u. k. Gebäck verkauft: »Gruß aus Salzburg« liest man an den Ständen mit Apfelstrudel, Speckbrötchen und Sachertortenstücken in Zellophan. Auf dem Straßenpflaster vor dem *Caffè degli Specchi* prangt ein blaues Mosaik mit zwei Wappen: links der Habsburger Doppeladler, rechts die Triester Hellebarde. Im Schaufenster des elegantesten Geschäfts der Stadt sind österreichische Trachten und Schuhe mit dem Edelweiß ausgestellt, die man dann in Cortina d'Ampezzo trägt. Alte und junge Serbinnen und Kroatinnen verkaufen an den Straßenecken unweit des Meeres Alpenveilchensträußchen, die sie in den Wäldern hinter der Stadt frisch gepflückt haben.

In Triest plädieren die echten und die vorgeblichen Progressiven ständig für die Sache der slowenischen Minderheit, die sie sich zu eigen machen, während die Konservativen den Mund halten und dann die wählen, die das Gegenteil der progressiven Schwätzer denken. In Triest, Heimstatt der Psychoanalyse in Italien, spricht und schreibt man viel über das »Unbewusste«, und das Triester Unbewusste liegt genau in der Mitte zwischen einer imperialen Dimension – die es nicht mehr gibt – und einer realen und gegenwärtigen Dimension, und die ist provinziell.

Hier sieht man – wir sind immer noch auf der Piazza dell'Unità –, wie sich acht-, neunjährige Kinder zu Paaren zusammenfinden und sich wie ihre Urgroßeltern zu Walzerklängen von Strauss drehen, die aus einem Lautsprecher tönen.

Der Caffè macchiato heißt hier *capo* oder *kapo*, wer weiß? Und was andernorts als Sakrileg gilt, ist hier völlig normal: Man gießt Wasser in den Wein und macht daraus eine sogenannte *bevanda* oder einen *spritz*.

Von Triest bis Barcola – wo alle, auch Claudio Magris zusammen mit allen anderen, im Meer baden und sich auf einem Asphaltstreifen, den man überall sonst in Italien als Bürgersteig bezeichnen würde, in der Sonne trocknen lassen – sieht man Istrien, das ganze slowenische Istrien (es sind nur dreiundzwanzig Kilometer Küstenlinie) und Punta Salvore, das schon in Kroatien liegt. Und rechts im Rücken von Barcola, ein paar Meter weiter oben, ist der Karst, wo sich eine große Kolonie Exil-Istrier sadistischerweise (unbewusst?) niedergelassen hat und nun vis-à-vis mit den Slowenen wohnt, die dort schon immer gelebt haben – was bei den einen und auch bei den anderen alte und allgegenwärtige Ressentiments und schmerzliche Erinnerungen verstärkt. Während die sogenannten »Daheimgebliebenen«, die »Exilierten in der Heimat« – jene istrischen Italiener, die ihre Häuser und ihr Land nicht verlassen konnten oder wollten – jahrelang wöchentlich mit Bus oder Bahn nach Triest gefahren sind, um von ihrem wenigen Geld Nudeln, Reis, Olivenöl [...] und vor allem Kaffee und Mortadella zu kaufen, eben alles, was es dort nicht gab und was es heute zu eher überhöhten Preisen gibt.

In Triest, am Vorabend des Jahrestages des Wiederanschlusses der Stadt an Italien, ist das einzig sichtbare, ja auffällige Zeichen ein alter Mann, der vor dem Bahnhof auf den Bus wartet. Stolz zeigt er die Karikatur seiner selbst und seines Patriotismus: Er trägt eine alte Soldatenmütze, und am Revers seines Jacketts stecken ein paar Orden, weitere hängen an Ketten um seinen Hals und reichen ihm bis zum Bauch; das einzige Zugeständnis an die modernen Zeiten ist ein kleiner Rucksack, der jedoch vollständig von der Trikolore umwickelt ist. Der Rest der Stadt geht seinen alltäglichen Beschäftigungen nach. [...]

In Triest begegnest du ständig dem Grenzgängertum – eine Stärke, aber auch eine Schwäche. Eine Identität, die ein wenig unsicher macht oder, wie jemand mit mehr Courage sagt: »opportunistisch«. So wird klar, dass, je nach Gesprächspartner, sich der Istrier, der hier im Exil lebt, mit Schmerz als italienisches Opfer der jugoslawischen Aggression darstellt oder im Gegenteil die Schuldgefühle des Italieners hat, der damals die Kroaten und die Slowenen angriff.

An der Promenade, dem Lungomare Benedetto Croce, der parallel zum Viale Miramare verläuft, sieht man Istrien, aber auch Grado; hinter sich hat man den Karst, links die Grenze zu Slowenien und Kroatien und rechts das Schloss von Miramare, wo sich die Tragödie Maximilians von Österreich abspielte.

An den Balkonen wehen noch immer nutzlose Friedensfahnen, ein wenig verblasst mit der Zeit; sie sind sogar zweisprachig beschriftet: italienisch *Pace* und slowenisch *Mir*.

Fünfzig Jahre sind seit dem Londoner Abkommen von 1954 vergangen: Triest kommt wieder zu Italien, ja, aber sein angestammtes Hinterland, dessen ideelle und reale Hauptstadt Triest ist, geht endgültig an Jugoslawien; daraufhin finden sich einige, wenn auch kleine und winzige Dörfer – Santa Barbara zum Beispiel –, die bis dahin in der sogenannten italienischen »Zone A« lagen, von einem Tag auf den anderen in der jugoslawischen »Zone B« wieder und erleben in der allgemeinen Gleichgültigkeit oder Vergesslichkeit Italiens genau in diesem Moment ihre Exilierung, einen Exodus von Tausenden, die die Istrier seit dem Ende des Zweiten Weltkriegs bis heute durchmachen.

Trotz allem ist Istrien für Triest und die Triester heute noch das, was es auch gestern war und immer sein wird – was in Mailand die Navigli sind und in Turin der Parco del Valentino ist: die grüne Lunge, Meer, die Oase »drüben«, wo man einen Abend oder das Wochenende verbringt. Was macht es da schon aus, wenn man bei der Ein- und Ausreise gleich zweimal die Papiere vorzeigen muss? Die Exil-Istrier aber, die in Triest wohnen, leben in ständiger Schizophrenie: Zwei-, dreimal die Woche fahren sie dorthin und kommen wieder in die Stadt zurück und am Ende wissen sie nicht, wer sie wirklich sind und wo sie wirklich leben; ob Triest nur ein Übergang ist zum heimatlichen Hafen Istrien, woher sie kommen, oder umgekehrt; sie wissen nicht, ob sich das Gefühl der Vorläufigkeit, das sie schon immer und für immer zur Unruhe verdammt, auf die k. u. k. Stadt bezieht, in der sie doch nun schon seit vielen Jahren leben, oder auf die alten venezianischen Städtchen Istriens, in denen sie jeden Stein kennen und die sie Tag für Tag im Geiste wieder durchwandern. Und so erzählt man dir hier in Triest – Heimat der menschlichen und beruflichen Courage eines Franco Basaglia* –, dass eben wegen dieser gespaltenen Seele der Istrier, die sich selbst dazu verdammt haben, hier zu bleiben, entwurzelt und doch immer in direkter Nachbarschaft zu ihrer Heimat, dass genau deswegen so vielen von ihnen – *ghe xe sciopà la testa* – der Kopf geplatzt ist und sie verrückt geworden sind. Doch all das sind Geschichten, heute wie gestern, die – wer weiß, warum? – in dieser Bucht verbleiben und von anderen Italienern nicht wahrgenommen werden. Für das Italien außerhalb Triests ist Istrien nicht weniger weit entfernt, nicht weniger fremd und exotisch als das Patagonien Chatwins.

*Franco Basaglia (1924–1980), Psychiater und Vertreter der »Antipsychiatrie«, kämpfte anfänglich in Triest, später in Görz gegen die Zustände in den »Irrenanstalten« (Zwangsjacke, Elektroschocks, Lobotomie ...) und erreichte 1978 die »Sprengung der Institution«, die Öffnung der Anstalten und den Übergang zu einer zunehmend ambulanten Behandlung psychisch Kranker.

Umberto Saba
Drei Straßen

Es gibt in Triest eine Straße, in der ich mich
spiegle in den langen Tagen verschlossener Trauer:
Via del Lazzaretto Vecchio heißt sie.
Zwischen Häusern wie Spitälern, uralt und gleich,
ein Zug auch, nur *einer*, von Heiterkeit:
das Meer, am Ende der Seitenstraßen.
Sie riecht nach Gewürzen und Schiffsteer
aus den trostlosen Lagern von gegenüber
und handelt mit Netzen, mit Tauwerk
für Schiffe: ein Laden führt als Schild
eine Flagge; dort drinnen verbüßen,
zum Passanten gewendet, der selten sie eines
Blickes würdigt, mit blassen Gesichtern
über die Farben aller Nationen
gebeugt, die Arbeiterinnen die Strafe
des Lebens: schuldlose Häftlinge
nähen finster an heiteren Flaggen.

In Triest mit den vielen Traurigkeiten
und der Schönheit von Landschaft und Himmel,
nennt sich ein Abhang Via del Monte.
Mit einer Synagoge beginnt er
und endet bei einem Kloster; auf halbem Weg
steht eine Kapelle; dort entdeckst du von einer
Wiese aus den dunklen Eifer des Lebens
und das Meer mit den Schiffen, das Vorgebirg
und die Menge und die Zelte des Markts.
Auch liegt an der Flanke des Hangs ein verlassener
Friedhof, den nie ein Leichenzug
betritt; man begräbt dort nicht mehr, solang
ich zurückdenk; der alte Friedhof
der Juden, so teuer meinem Sinn,

wenn ich mir dort meine Ahnen denke, nach vielem
Leiden und Handeln begraben,
alle an Antlitz und Seele ähnlich.

Ist Via del Monte die Straße heiliger Einkehr,
so ist die Straße der Freude und Liebe
wohl immer die Via Domenico Rossetti.
Die grüne Gegend der Vorstadt,
die Tag für Tag an Farbe verliert,
immer mehr Stadt wird und weniger Land,
wahrt noch den Zauber der schönsten
Jahre, der ersten verstreuten Villen
und lichten Reihen mit jungen Bäumen.
Jetzt, in den letzten Nächten des Sommers,
sind alle Fenster geöffnet; von jedem
genießt man den herrlichen Ausblick; man liest,
macht Handarbeiten und wartet. Und einer geht nun
vorüber und sinnt: hier könnte die Liebste
vielleicht zur alten Lebensfreude erwachen,
von neuem ihn lieben, nur ihn,
und sein Kind, es würde erblühn.

Tempi passati – im Spiegel der Kindheit und der kakanischen Vergangenheit

Pier Antonio Quarantotti Gambini
Ein Kinderspiel

Hier im Hafen, auf zwei Wohnschiffen, die sich fast berühren, waren Ario und Berto geboren und aufgewachsen. Sie kannten kein anderes Zuhause und hatten noch nie eine Nacht an Land verbracht.

Wer auf dem Weg entlang des Ufers an der Sacchetta vorbeikommt, bleibt gerne stehen und betrachtet die Pontons. Dort sind die Bootshäuser der Rudervereine mit ihren Bootsschuppen, Verwaltungsbüros und Vereinslokalen untergebracht. Wie schwimmende weiße, zweistöckige Häuschen liegen sie eins neben dem anderen dem Leuchtturm gegenüber an der Mole.

Am späten Nachmittag oder am Sonntagmorgen füllen sich die Anleger mit jungen Sportlern. Dann werden die Boote aus dem Schuppen gezogen, der sich wie ein riesiges Maul hinter dem Anleger öffnet, und vorsichtig auf das Wasser gesetzt.

Jedes Mal versammelt sich eine Gruppe von Zuschauern am Ufer, meist Straßenkinder, Soldaten und Matrosen. Stundenlang beobachten sie die wegfahrenden und zurückkehrenden Boote und ihre Besatzungen. Manchmal bleibt auch ein Fremder stehen.

Die kleinen, strahlend weißen Holzhäuschen mit den Terrassendächern, die zwischen den Schonern und Kuttern, den Lastkähnen und Schleppern auf dem Wasser liegen, erwecken seine Neugier. Vielleicht fasziniert ihn auch der Gegensatz zwischen den sauber und städtisch, ja, eigenartig und ein wenig fehl am Platz wirkenden Hausbooten und den Kohleschiffen und groben und verdreckten Frachtseglern, die Sand oder Holz löschen.

Ein anderes Leben als das im Hafen konnte Ario sich nicht vorstellen. Die Bootshäuser, vor allem seines und das von Berto, und das geschäftliche Treiben ringsherum waren seine Welt. Eigentlich war das seine, obwohl es noch immer so genannt wurde, gar kein Bootshaus mehr. Der Ruderverein, der es hatte bauen lassen, hatte es bereits vor Jahren an einen Segelklub verkauft. Im Schuppen wurden keine Ruderboote mehr aufbewahrt, stattdessen lagerten auf einem Gewirr von Halterungen an den Wänden und unter der Decke Riemen, Schwerter und Pinnen. Wenn im Winter abgetakelt wurde, kamen noch Klüverbäume und Segel hinzu, die um die Rahen gewickelt waren, und manchmal sogar ein paar Masten, während sich in den Ecken Wanten und Taue stapelten. Wie eine Abstellkammer, randvoll mit ausrangierten Gerätschaften, sah auch der dahinter liegende Raum aus, in dem Ario und seine Mutter schliefen.

Als er klein war, besonders an den Winterabenden, die er dort allein verbrachte, weil seine Mutter ihn, wie so oft, mit einer Erkältung ins Bett gesteckt hatte, genoss es Ario, gebannt und ein wenig ängstlich die großen, merkwürdigen Gegenstände auf den Gestellen und die riesigen, wandernden Schatten zu beobachten, die sie im gleichmäßig verschwindenden und wiederkehrenden Licht des Leuchtturms warfen.

Über ihren Anblick geriet er ins Träumen und schlief allmählich ein. Manchmal aber lag er lange wach und wartete auf seine Mutter.

Dann dachte er an Amerika. Beharrlich kam ihm ein Ausdruck in den Sinn, von dem er nicht wusste, wann er ihn gehört hatte, und den er auch nicht genau verstand, der ihn aber zunehmend faszinierte: »Die Regatta von San Francisco.« […]

Als seine Mutter eines Abends später als gewöhnlich, bleich und mit unruhig glänzenden Augen nach Hause kam, antwortete er auf ihre Frage, wie er die Zeit verbracht habe (wobei sie zum Waschbecken ging, sich auszog und mit hartnäckiger Sorgfalt zu waschen begann): »Ich habe an die Regatta von San Francisco gedacht.«

Halb nackt stand sie plötzlich im Halbdunkeln vor ihm.

»Was fällt Dir ein!«, schrie sie. »Was fällt dir ein!« Sie gab ihm zwei schallende Ohrfeigen. Noch halb benommen hörte er sie weiter schreien. »Du elendes, verfluchtes Balg! Nach allem, was ich für dich getan habe.« Mit brennenden Wangen und Tränen in den Augen brachte Ario kein Wort heraus.

Doch noch ehe ihm klar wurde, was er tat, war er aus dem Bett gesprungen und riss sich das Hemd vom Leib. Nackt lief er aus dem Zimmer, erreichte den Vorraum, löste die Kette der Eingangstür und sprang, von der kalten Nachtluft schaudernd, auf die Galerie.

Er würde weit fortgehen, weit fort, so weit wie möglich, nackt, und mochte es ihm noch so kalt sein. Vielleicht würde er sterben, und seiner Mutter würde es leidtun.

Er befand sich schon auf der Gangway, nur einen Sprung von der Mole entfernt, als ihn zwei Arme packten, gegen einen großen, warmen Körper pressten und zurückschleiften.

Strampelnd und schreiend wehrte er sich. »Ich gehe fort. Lass mich los. Ich will weg.«

Er spürte, wie er noch fester gegen den kräftigen, halb bekleideten Körper gedrückt wurde. Mit einem letzten Ruck kam er fast frei.

»Lass mich!«, schrie er mit ganzer Kraft. »Ich will weg! Ich will«, und er spürte, wie eine verzweifelte Wut ihn packte und mitriss, »ich will nach Amerika gehen!« Eine Ohrfeige traf ihn so heftig, dass er sich auf die Zunge biss.

Diese Nacht lag er hungrig wach und starrte ins Dunkel. Seine Mutter hatte sich sofort schluchzend auf das Bett geworfen, und weder er noch sie aßen zu Abend.

»Nach Amerika!«, hörte er hin und wieder, und das Schluchzen schwoll an. »Dreckskerle! Verfluchte Dreckskerle, alle beide!«

Er hatte sich beruhigt. Apathisch lauschte er dem Weinen und den Verwünschungen, deren Sinn er nicht verstand. Abermals begannen die Worte in ihm zu arbeiten, diesmal düster und verheißungsvoll: »Die Regatta von San Francisco.« Etwas Verbotenes lag darin, das ihn magisch anzog und seine Phantasie stärker als je zuvor beflügelte.

»Nach Amerika!«, weinte die Frau. »Nach Amerika! Wer hat ihm das bloß erzählt? Wer hat ihm das bloß in den Kopf gesetzt, welche feige Ratte?«

»Ja, da will ich hin, und da gehe ich auch hin«, dachte der Junge. »Wenn ich endlich groß bin, gehe ich nach Amerika.«

Kaum hatte er sich am folgenden Morgen mit seinem Spielkameraden Berto auf dem Nachbarponton getroffen, fragte er ihn, was »die Regatta von San Francisco« sei. »Eine Regatta wie jede andere auch, was denn sonst?«, grinste Berto, der älter war als er. […]

Später erfuhr er die Wahrheit, von Lidia. Während er auf dem Anleger nebenan spielte, saß das Mädchen auf dem Geländer ihres Pontons und hörte nicht auf zu sticheln. »Hast du wirklich keine Ahnung? Soll ich es dir sagen?« […]

»Ist mir doch egal!«, sagte er trotzig und vermied es, sie anzusehen. Er gab auf, als Lidia ganz dicht an ihn herantrat und ihm zuflüsterte: »Wollen wir ins dunkle Kämmerchen gehen? Dort sag ich's dir.«

Mit klopfendem Herzen folgte er ihr. Das dunkle Kämmerchen, eine Art Abstellkammer neben den Duschräumen der Ruderer, war ein geheimer Treffpunkt. »Komm«, hatte Berto ihn eines Tages aufgefordert und seine Hand genommen. »Wir gehen ins dunkle Kämmerchen und sehen uns Lidia an.« Obwohl Ario nicht recht verstand, was damit gemeint war, fühlte er, wie sein Herz plötzlich schneller schlug. Er folgte Berto ohne Widerrede. »Aber wo ist denn Lidia?«, getraute er sich eben noch leise zu fragen. »Sie ist schon im Kämmerchen, sie macht sich fertig.« Kaum dass sie eingetreten waren und Berto die Tür hinter sich zugezogen hatte, bekam Ario in der Dunkelheit einen Moment lang Angst. Er fürchtete, in eine Falle getappt zu sein. Berto und Lidia könnten ihm etwas tun, ihn vielleicht ausziehen und verprügeln. Dennoch schrie er nicht und stellte keine Fragen.

Mucksmäuschenstill stand er im Dunkeln und wartete. Er hoffte nur, dass sie sich beeilen würden, ihm womöglich die Hosen hinunterzogen, aber bitte schnell. »Bist du fertig?«, fragte Berto in diesem Augenblick. »Ich bin so weit«, und man vernahm das Rascheln von Kleidern, »du kannst das Licht anmachen.« Berto knipste die Taschenlampe an und beleuchtete das Mädchen, das halb nackt auf einer Kiste an der Rückwand stand, knickste, sich umdrehte und ihnen mit gerafftem Rock den Hintern zeigte. Neben der Kiste lagen verstreut ihre Strümpfe und das Übrige. »Komm mal näher«, sagte Berto plötzlich und machte selbst einen Schritt auf seine Schwester zu, die nun ganz im Licht stand. »Schau.« Gelassen ließ sich das Mädchen betrachten. Von da an gingen sie, wenn gerade niemand im Bootshaus war, öfter in das dunkle Kämmerchen. Die Aufforderung kam immer von Berto, doch hegte Ario den Verdacht, dass die Initiative eigentlich von Lidia ausging.

Auch diesmal konnte er nicht widerstehen. Der Gedanke, zum ersten Mal allein mit Lidia im Kämmerchen zu sein, steigerte seine Erregung. Die Regatta von San Francisco war vergessen. Er dachte nur an die Vorführung, die sogenannte Verbeugung, die Lidia im Kämmerchen machte.

Doch kaum hatten sie die Tür geschlossen und sich im Dunkeln auf die Kiste gesetzt, begann das Mädchen zu erzählen.

»Dein Vater«, sagte sie, »ist nach Amerika *abgehauen*. Du kannst dich nicht daran erinnern, weil du noch zu klein warst. Damals fand gerade die Regatta von San Francisco statt. Er hat eine Rudermannschaft dorthin begleitet, weil auch euer Ponton zu der Zeit noch ein Bootshaus war. Und dann ist er nicht mehr zurückgekommen. Man sagt, er habe es vorgezogen, dort zu bleiben, weil man da das große Geld machen kann. Du und deine Mutter seien ihm egal, heißt es, weil er nichts von sich hat hören lassen und nicht einmal geschrieben hat, und meine Mutter sagt das auch.«

Sie hatte in einem Atemzug gesprochen.

»Möchtest du, dass ich die Verbeugung für dich mache?«, schlug sie ihm, kaum dass sie ausgeredet hatte, hastig mit leiser Stimme vor und vergaß, dass sie Bertos Taschenlampe nicht dabei hatten. Eine Bewegung, die sie neben ihm im Dunkeln machte, gab Ario zu verstehen, dass sie bereits ihren Rock hochgezogen hatte und sich eilig auszuziehen begann.

»Nein«, antwortete er.

»Du willst nicht?« Das Mädchen hielt inne, und ihre Stimme klang weicher, ungläubiger und flehentlich zugleich.

»Nein.«

Er war bestürzt. Er wusste nichts von seinem Vater und hatte nie daran gedacht, dass er einen haben könnte. Zwar hatten Berto und Lidia außer der Mutter auch einen Vater, aber das verwunderte ihn nicht. Im Gegenteil: Der Erste, der ihm in den Sinn kam, wenn er an den Ponton nebenan dachte, das war der Vater von Lidia und Berto. Aber bei ihm selbst war das anders: Er hatte eine Mutter und damit basta. Es war, als verkörpere seine große, starke, schweigsame Mutter alles. Wozu sollte er da noch einen Vater haben? Allein die Existenz dieses Mannes, dieses Unbekannten, erschreckte ihn zutiefst. Auf dunkle Weise fühlte er sich von ihm bedroht und war froh, dass sie sich alles nur ausgedacht hatte, um ihm Angst einzujagen. Aber nein: Seine Unruhe und Bestürzung signalisierten ihm ganz deutlich, dass es diesen Mann, von dem er bis vor wenigen Augenblicken nichts gewusst hatte, gab und schon immer gegeben hatte.

Den Rest des Tages ließ er sich bei Lidia und Berto nicht mehr blicken. Er blieb drinnen im Haus, saß in verschiedenen dunklen Ecken zusammengekauert auf den Wanten und Tauen, und die wenigen Male, die seine Mutter vorbeikam und ihm einen Blick zuwarf, tat er so, als sei er mit seinem alten Spielzeugschiff aus Holz beschäftigt. Wie immer sah sie ihn kaum an, doch an jenem Tag hob er jedes Mal, wenn sie vorbeigegangen war, den Kopf und folgte ihr mit den Augen.

Eine ungekannte, rastlose Neugierde war in ihm erwacht, die auch seiner Mutter galt.

Als sie sich an diesem Abend auszogen, um ins Bett zu gehen (selbst in solchen Momenten blieb die Frau verschlossen, abwesend und ernst), bat er sie, näher bei ihr schlafen zu dürfen. Er hätte von nun an die Nächte gern für immer in ihrer Nähe verbracht statt in seiner Koje, die auf der anderen Seite des Raumes stand, noch lieber sogar, auch wenn er das nicht zu sagen wagte, in ihrem Bett. Umso mehr, als ein mit alten Gerätschaften beladenes Gestell, das in der Mitte des Zimmers aufragte, ihr großes, breites Bett, das Sicherheit und Wärme versprach, fast vollständig vor seinen Augen verbarg, selbst wenn die Nachttischlampe brannte.

»Was fällt dir ein?« Die Frau hielt inne, hob den Kopf und starrte ihn mit ernsten Augen an. »Außerdem«, fügte sie kurz darauf hinzu, »gibt es kein anderes Bett. Und deines ist an der Wand befestigt wie eine Schiffskoje. Es lässt sich nicht neben meines stellen.«

Er erinnerte sich an eine andere Begebenheit.

Er befand sich in der Küche von Bertos Wohnschiff, in der die ganze Familie, vom Vater bis zu Lidia, versammelt war. Plötzlich war Stille eingetreten, und alle Blicke waren auf ihn gerichtet. Selbst heute, nach so vielen Jahren, erinnert er sich an dieses Schweigen und an diese Augen, die ihn verstört ansahen.

Was hatte er gesagt? Warum starrten sie ihn so an?

Aus dem Schweigen und den Blicken schloss er, dass ihm etwas herausgeschlüpft war, was er besser für sich behalten hätte: Das würde er nicht wieder vergessen.

Er weiß es noch genau. Er war gerade in die Küche gekommen und lauschte der Unterhaltung der anderen, als er, fast ohne sich dessen bewusst zu sein, ebenfalls etwas sagte.

Es war, als bewegten seine Lippen sich von selbst: »Heute Nacht hat Mama mit einem Mann geschlafen.«

Merkwürdig. Er weiß, dass er das gesagt hat, und erinnert sich an die ganze Szene, als wäre es gestern gewesen: an die Anwesenden – Lidia, Berto, der Mann, die Frau –, die ihn ernst anstarrten, als habe er etwas Ungehöriges getan, und dann das Schweigen, das für einige Augenblicke in der Küche herrschte, nur unterbrochen vom Knistern des Herdfeuers. Worauf er sich jedoch nicht mehr besinnen kann, was ihm völlig entfallen ist, ist die nächtliche Begebenheit selbst. Zweifellos stimmte es – er weiß es und hat es immer gewusst, dass in jener lang zurückliegenden Nacht ein Mann mit seiner Mutter im selben Bett geschlafen hat. Und dennoch ist ihm dieser Vorfall, sosehr er auch sein Gedächtnis bemüht, völlig entfallen.

Er kann sich jedoch an die Frage erinnern, mit der Bertos Vater endlich die Stille brach: »Und weißt du, wer es war?«

Auch an seine Antwort erinnerte er sich: »Nein. Einer, den ich noch nie gesehen habe.«

Ilma Rakusa

Zwischen Märchen und Melancholie

Immer erzähle ich, sie sei die glücklichste Zeit meiner Kindheit gewesen, jene Zeit am Meer. Ich war noch klein, ging noch zur Schule, ich lebte in den Tag hinein und nahm alle Eindrücke begierig auf. Wir wohnten in Barcola, auf halber Strecke zwischen Triest und dem Märchenschloss Miramar, in einem rostroten Haus mit glyzinienüberwachsener Veranda. Der Blick aus den Fenstern ging auf den Viadukt der ehemaligen Südbahn und weiter aufs Meer, das jeden Tag eine andere Farbe hatte. Die untergehende Sonne schien uns direkt ins Haus.

Triest war damals Freistaat, aufgeteilt in die von Engländern und Amerikanern verwaltete Zone A und die von den Jugoslawen besetzte Zone B. Wir lebten in Zone A, und ich erinnere mich an die badenden oder promenierenden Soldaten, deren Englisch von der italienisch-slowenischen Sprachumgebung abstach und die mit ihrer heiteren Selbstsicherheit Vertrauen einflößten.

In meiner Erinnerung besteht Barcola vor allem aus dem Strand und einem Park, in dem sich das »Hexenhäuschen« befand. Die Strandfelsen waren sommers mein zweites Zuhause, hier las mir Mutter stundenlang vor, bis sich der Rhythmus der Märchen und der Meeresbrandung zu einem wohligen Singsang verband. Doch bevor ich mich einlullen ließ, huschten wir ins Wasser, das glatt, gekräuselt oder bewegt war. Mit einem Korkgürtel lernte ich schwimmen. Am Horizont leuchtete Miramar, und schwamm ich in die andere Richtung, sah ich die muschelförmige Bucht von Triest und die istrische Halbinsel. Vor Glück und Freiheitsdrang prustete ich wie ein Delphin, nichts trübte die Badefreude. Bloß, eine Mittagspause musste sein. Rasch ins Kleid, das Salz aus den Armbeugen geleckt und ins kühle Haus. Dort aßen wir eine Kleinigkeit, dann kam die obligate Siesta. Das Haus verstummte, ich lag hinter geschlossenen Jalousien, folgte den winzigen Lichthasen oder träumte vor mich hin. Ich glaube nicht, dass ich oft geschlafen habe. Ich nahm die verordnete Stille in Kauf, obwohl sie auch etwas Beunruhigendes hatte. Die Camera obscura unterschied sich zu krass vom blendend hellen Tag, in ihrer Geräuschlosigkeit kippte sie aus allen Zusammenhängen. Gewöhnen konnte ich mich an diese Wechsel nie. Doch respektierte ich sie als festen Bestandteil des Tagesablaufs, als unumstößliches Ritual.

Zu diesem Ritual gehörte auch, dass ich nach der Siesta barfuß auf den kühlen Fliesen in die Küche lief, wo mich ein Stück Wassermelone erwartete. Während ich die schwarzen Kerne ausspuckte, nahm mich der Tag wieder in Besitz. Das Leben kam in Schwung, Mutter hängte sich die Strandtasche um, und bald schon saßen wir auf den flachen Felsen im Nachmittagslicht, das milder war und viele Menschen anlockte.

Hier blieben wir, bis das Meer den roten Sonnenball verschluckte, bis die Schwalben ihre schnellen Kreise zogen und Vater aus dem Büro kam. Er gesellte sich zu uns, drehte mit mir eine letzte Runde im dunklen Wasser. Und manchmal schlug er vor, dass wir zum Abendessen in den Karst fahren. Oben auf dem Plateau war es um Grade kühler und in den slowenischen Gasthäusern wirtlich. Wir saßen und aßen lange im Freien. Oft schlief ich auf einer Holzbank. Die Nachmittage und Abende konnten aber auch anders aussehen: wenn wir nach der Siesta nicht baden gingen, sondern in die Stadt. Damals fuhr eine Straßenbahn von Barcola nach Triest, und immer stiegen wir beim Park ein, in dessen Mitte eine Holzhütte stand. Ich nannte sie »Hexenhäuschen«, weil sie einsam und verschlossen war und weil sich nie eine lebende Seele an ihr zu schaffen machte. Meine Phantasie bevölkerte sie mit einer heimtückischen Hexe, die kleinen Kindern auflauerte. Ich hatte Angst. Mitten in der Idylle Barcolas gab es diesen düsteren Ort, den ich um nichts in der Welt allein betreten hätte. Heute deute ich das »Hexenhäuschen« als Projektion des Bösen. Dank ihr blieb alles Übrige heil. Denn dieses Böse saß fest, war klar umrissen und abgegrenzt. Es war da, aber es warf keine Schatten auf die Umgebung.

Vom »Hexenhäuschen« aus fuhren wir mit der Straßenbahn nach Triest. Es gab dieses und jenes zu erledigen, und gegen sechs holten wir meinen Vater bei der Börse ab. Manchmal kehrten wir kurz bei »Da Pepi« ein (hier gab es wunderbaren Schinken und Bier vom Fass, nur nicht für mich), öfters jedoch schlenderten wir zur Viale XX Settembre und löffelten im Schatten der Platanen ein Eis. Mein Lieblingseis hieß »Berlina«: eine Vanillekugel mit duftendem Kaffee und knuspriger Waffel, die wie ein schiefes Segel aus dem Eis ragte. Die Flanierstraße war zu dieser Stunde sehr belebt, in den Cafés herrschte Hochbetrieb. Alles strahlte südliche Nonchalance aus, und man hatte Zeit. Das hat sich mir für immer eingeprägt: die freundliche Muße, die Nicht-Eile an solchen lauen Abenden. Vaters Ledermappe lag für eine Weile ausrangiert auf einem Plastikstuhl, wir aßen Eis und unterhielten uns lange, ohne auf die Uhr zu sehen.

Ich hatte in Triest kaum Freunde und noch keine Geschwister. Aber das Leben mit meinen Eltern, in dieser Stadt am Meer, war intensiv und licht. Was hätte ich vermissen sollen? Wenn mir danach zumute war, spielte ich mit der buckligen Violetta im Garten, bis uns der zornige Hahn, der hinter dem Gartenpavillon residierte, vertrieb. Oder ich ließ mir von Amelia slowenische Lieder vorsingen. Amelia gehörte ein wenig zur Familie. Sie half vormittags im Haus, kaufte ein, kochte und kümmerte sich, wenn nötig, um mich. Ich liebte sie, aber ich neckte sie auch. Viele Stunden habe ich mit Amelia allein verbracht, und einige meiner stärksten Kindheitserinnerungen sind mit ihr verbunden.

Einmal war sie dabei, mein Bett zu machen. Als sie das Kissen hochhob, um es auszuschütteln, lag darunter ein großer schwarzer Skorpion. Bevor ich vor Schreck zusammenzucken konnte, hatte sie schon den rechten Schuh ausgezogen und auf das Tier herabsausen lassen. Es war auf der Stelle tot. Die Szene aber verwandelte sich für mich in eine Freud'sche Urszene.

Ein andermal waren wir beide Zeugen eines spektakulären Ereignisses. Es war Winter, die Bora, die in Triest Höchstgeschwindigkeiten erreicht, fegte eisig über die Dächer. Plötzlich ein ohrenbetäubender Lärm. Wir eilen zum Fenster: Auf dem Viadukt steht ein Zug ohne Dach, das heißt, das Dach hängt schräg in den Leitungsmasten. Der Wind hatte es weg- und hochgerissen.

Von der Bora gäbe es noch viel zu erzählen. Sie blies häufig und heftig, und es gab Tage, da konnte man sich kaum ins Freie wagen. Polizisten standen an allen Ecken und halfen den Verwegenen – vor allem Frauen mit Kindern – über die zugigen Straßen, indem sie sie schützend an den Schultern hielten. Denn Leichtgewichtige wurden einfach hochgewirbelt wie Staub. Gegenstände flogen davon, das Meer tobte, die ganze Stadt stand in kaltem Aufruhr. Dauerte dieses Nordwindwetter mehrere Tage, griff es die Nerven an; es zerrte am Körper wie am Gebälk, oft war Krankheit die Folge. Ungesund war aber auch der Wüstenwind Scirocco, der alles eintrübte; ich konnte ihn nicht leiden, er machte fiebrig und matt.

Doch zurück zu Amelia. Amelia lebte mit ihrer halbwüchsigen Tochter hoch oben am Hang, in einem ebenerdigen kleinen Haus, umgeben von Reben und immergrünem Gewächs. Steile Treppen führten hinauf, der Weg war beschwerlich, dafür entschädigte einen die Aussicht: ein Blick über den ganzen Golf. Manchmal lud uns Amelia zum Mittagessen ein. Auf Wunsch meines Vaters gab es immer Fritto misto, in Öl frittierte Sardinen, Tintenfische und Scampi. Nirgends schmeckten sie so gut wie bei Amelia, die ihren bewährten Fischhändler hatte und eine glänzende Köchin war. Als Slowenin kochte sie übrigens nicht nur mediterran, sondern auch währschaft: Braten, Zwetschgenknödel und Ähnliches.

Meine Erinnerung an die Speisen vermischt sich mit der an die Sprachen. Zu Hause unterhielten wir uns ungarisch und slowenisch, ansonsten vorwiegend italienisch. Triest disponiert zur Vielsprachigkeit, sein kakanisches Erbe ist allenthalben präsent. Ich bewegte mich wie selbstverständlich zwischen den verschiedenen Idiomen. Und die Identität, die sich dabei herausbildete, war multipel und bunt.

Triest verdanke ich den Sinn für sprachliche und kulturelle Vielfalt, für den Reiz der Mischungen und Schichtungen, der kreativen Uneindeutigkeit. Soll ich ergänzen: der Ambivalenz? Ja, die Stadt hat viele Gesichter und nicht wenige Widersprüche. Ich erlebte sie lieblich und streng, paradiesisch und abweisend. Das sommerliche Baden, das weiße Schloss Miramar standen für Verzückung und Glück, die kalte Bora, die durch düstere Straßenschluchten fegte, verkörperte den bedrohlichen Pol. Mit dem »Hexenhäuschen« hatte ich meine eigene, geheime Geschichte. Und der mächtige Faro della Vittoria ragte als ewiger Fingerzeig, als Mahnung und Schutz über allem.

In Triest lernte ich, was Licht, Farben und Gerüche sind, ich gewöhnte mich aber auch an den Stein: an die Felsen des Strands, an den mürben Kalkstein des Karsts, an den Viadukt und all die Molen und Treppen, an die Quader von San Giusto und jene des römischen Theaters, an die Steinfassaden der österreichischen Gründerzeitbauten. Mit dem Stein akzeptierte ich eine gewissen Tristezza. Sie erschien als milde oder müde Melancholie, tauchte plötzlich auf und verflüchtigte sich wieder. Ein Stimmungswechsel, eine andere Tonart, unerklärlich und ephemer. Da durfte man das Meer nicht aus den Augen verlieren, dessen Bewegtheit und Weite immer Veränderung verhieß.

Später begegnete mir diese Melancholie bei Italo Svevo und Umberto Saba. Vor allem Sabas Verse oszillieren zwischen Glück und Trauer, kippen schwebend hin und her. Manche seiner Gedichte, etwa »Nach dem Traurigsein«, lichten sich wie der Himmel:

... Die Seele, die ihren Kummer überwunden hat,
beobachtet mit neuen Augen, im alten Abend,
den Hafenlotsen mit der schwangeren Frau;

ein Schiff mit langem Schornstein,
sein altes Holz schimmert in der Sonne,
der gleich lang ist wie die zwei Bäume da: Zeichnung,
kindische, die ich gemacht hab,
es ist zwanzig Jahre her:
– Wer hätte mir das schon vorausgesagt: Mein Leben,
so schön, so voll süßen Kummers,
voll so viel einsamer Glückseligkeit!

Heute würde ich sagen, Triest sei Oxymoron: glückliche Trauer, trauriges Glück.

Diese Erkenntnis beruht allerdings auf einer Erfahrung, die damals erst bevorstand: dem Abschied. Dem Abschied von Triest. Er war einschneidend und schmerzlich, er hinterließ bitteres Heimweh.

So begann die Suche nach dem verlorenen Paradies, die mir Triest im Laufe der Jahre näherbrachte. Das Bild der Kindheit blieb intakt, aber es bekam Kontur und Kontext. Ich vertiefte mich in Triests Geschichte und erfuhr, dass hier von 1943 bis 1945 das einzige Konzentrationslager auf italienischem Boden bestand: die Risiera di San Sabba. Später lernte ich Menschen kennen, die als slowenische Partisanen in der »Reisfabrik« interniert gewesen waren. Sie erzählten Furchtbares. Triest bekam Schatten, die Mussolini-Architektur zeigte ihr wahres Gesicht. Ich stöberte in Antiquariaten, um mehr zu wissen, noch mehr. Viele Funde machten mich ratlos, andere entsetzt. Über meine Liebe zu Triest legte sich ein Schleier, die definitive Melancholie. Und so schrieb ich eines Tages dieses Akronymgedicht:

TRIEST

Tauch retour ins Ende. So trist
trieft Regen. Identität entflieht. Such-Taufe.
Tief rostrot ist es: Selighaus tausendfältiger
Träume, redimensioniert. Ichmal ewig. Schein-tot.
Taue, Riesenschiffe, immer ein Strand touristenlos,
Teer. Riecht insulär. Eingeborener Schlaf: Tage
träg, Rest im Eimer. Schreibe: Taten
trauern. Risiera-Insassen entstammten Sonder-Transport.
Tod regierte in extenso. Sind Tafeln
Trost (Reminiszenz)? Im Ernstfall tost
Tangmeer. Risse: iss ein Stück Tuch.

Dies ist zugegebenermaßen ein trauriges Gedicht, vielleicht sogar ein Gedicht der Enttäuschung. Aber ich liebe Triest wie meine Kindheit. Ich liebe es wirklich.

Susanna Tamaro
Die ungesagten Wörter

Die Gegend, in der ich geboren wurde, ist eine unglückliche Gegend. Sie grenzt an drei Länder. Deshalb wurde sie oft von Krieg überzogen.

Der Vater meines Vaters, also mein Großvater, war in einer anderen Gegend geboren worden. Kaum dem Knabenalter entwachsen, war er hier heraufgekommen, um zu kämpfen. Er gehörte zu einer Einheit der Sturmtruppen. Schon am Namen erkennt man, dass dies die mutigsten Soldaten waren. Sie hatten nur ein Bajonett in der Hand und krochen am Boden auf die feindlichen Linien zu. Sie krochen im Dunkeln und schnitten dabei allen die Kehle durch, die ihnen in die Quere kamen.

Ich habe keine besonderen Erinnerungen an ihn. Er ist gestorben, als ich noch klein war. Das bisschen, was mir noch in Gedächtnis haftet, ist meine Ungläubigkeit. Ich hörte ihn sich all dieser Heldentaten seiner Jugend rühmen, aber vor mir sah ich einen alten Mann mit sanftmütigem Blick. Eines der beiden Bilder konnte nicht wahr sein. Vielleicht redete er nur so, um ein wenig Aufmerksamkeit zu erregen, damit ihm jemand in der Stille des Zimmers zuhörte.

Er konnte es nicht ertragen, dass man ihm nicht glaubte. Deshalb bestand er zu Beginn der schönen Jahreszeit darauf, dass wir alle gemeinsam einen Ausflug machten: immer den gleichen. Wir luden die Decken, das Radio und die Plastikbehälter mit den Speisen für das Picknick in den Fiat 600.

Die Wiese, zu der wir fuhren, war nicht irgendeine Wiese, sondern einer jener Orte, wo mein Großvater gekämpft hatte. Dort war er verwundet worden, und dafür hatte man ihm das Bronzekreuz für soldatische

Tapferkeit verliehen. Bei dem Ausflug trug er es am Revers seiner Jacke. Er erzählte immer die gleichen Begebenheiten, als wären sie vorgestern passiert, und niemand hörte ihm mehr zu. Meine Mutter sagte ab und zu: »Ja, Papa«, während sich mein Vater das Radio ans Ohr presste, wegen der Fußballspiele. Aber mein Großvater war dennoch zufrieden, trotz des mangelnden Interesses. Er kehrte nach Hause zurück und sagte: »Welch schönen Tag wir verbracht haben ...«

Bei der letzten dieser Landpartien – als ich schon alt genug war, um einen eigenen Gedanke fassen zu können – ging mir auf, dass es doch recht komisch war, zum Picknick auf eine Wiese zu gehen, die sich von so vielen vorzeitig erloschenen Leben genährt hatte. Der Großvater sagte, es sei ein regelrechtes Abschlachten gewesen. Es hätten dort so viele Leichen übereinander gelegen, dass es unmöglich gewesen sei, auch nur einen Schritt zu tun. Man habe die Beine eines Riesen gebraucht, um über alle drüberzusteigen und weiterzugehen. Das sagte er, und ich betrachtete unterdessen die Wiese und die Blumen. Im Gras wuchsen Enzian und Kuhschelle, ihre Blütenblätter waren außerordentlich zart, wiegten sich leise im Wind, und über allem wölbte sich der Himmel. Derselbe Himmel wie am Tag des Blutbads.

Ich betrachte das alles und fragte mich: ›Wo ist der Sinn?‹

Kain hatte sich irgendwie seiner Tat geschämt. Es geht nirgendwo hervor, dass er herumgelaufen wäre und sich seiner Tat gerühmt hätte. Er hatte etwas Hässliches getan und wusste es. Mein Großvater dagegen war zufrieden, ich habe ihn niemals sagen hören: »Ich denke an die Familien derjenigen, die ich getötet habe« oder dergleichen. Er war nur froh, dass er schneller gewesen war und Glück gehabt hatte. Alles Übrige kümmerte ihn nicht. Und doch war er nicht böse. Als er gestorben ist, kamen viele Leute zu seinem Begräbnis, und alle weinten.

Einmal habe ich meine Mutter gefragt: »Ist Großvater denn ein Mörder?« Sie hat sich umgedreht und gesagt: »Wo nimmst du bloß diese Dummheiten her?«

Da hatte ich wenigstens eins verstanden: Wenn man ohne Uniform tötet, ist man ein Mörder; wenn man in Uniform tötet, bekommt man Verdienstkreuze. Schon damals war ich von Natur aus nachdenklich. Ich konnte nicht umhin, mich zu fragen, ob das Leben dessen, der stirbt, jeweils einen anderen Wert hatte. Bevor sie groß und dann Leichen wurden, waren jene Männer einmal Kinder gewesen, Neugeborene, und auch Föten. Mütter hatten sie zur Welt gebracht, sie genährt und aufgezogen. Vielleicht hofften sie schon, Enkel zu bekommen, und stattdessen waren ihre Hoffnungen im Kiesbett eines Gebirgsbachs und im Schlamm einer Wiese verendet.

Einmal, in der Schule, hatte ich sogar die Lehrerin darauf angesprochen. Es gab eine, die mir besonderes Vertrauen einflößte. Sie hatte stumm zugehört und dann gesagt: »Das sind sehr große Fragen.« Danach hatte sie noch etwas hinzugefügt, was ich nicht recht verstanden habe, über die Geschichte, die immer weitergeht und Unglück mit sich bringt. Die Geschichte, habe ich daraufhin gedacht, muss eine Art Karren sein, dessen Bremsen kaputtgegangen sind. Ein Karren, der herrenlos einen Abhang hinunterrast und alles umreißt.

In der kleineren Geschichte – der meines Zuhauses – gab es jedoch einen Punkt, der mir ziemlich dunkel zu sein schien. Der Punkt war folgender: Auch mein Vater war im Krieg gewesen, in dem, der danach kam, aber wir waren nie zum Picknick an diese Orte gefahren, und auf der Anrichte in der Küche stand kein Photo von ihm in Uniform. Zwischen ihm und mir war schon zu jener Zeit die einzige Form von Kommunikation das Schweigen. Daher hatte ich nicht den Mut, ihn über seine etwaigen Heldentaten zu befragen. Er redete nicht, und ich fragte nicht, das war alles.

Es gab jedoch nur zwei Möglichkeiten: Entweder war er im Krieg gewesen und hatte nicht getötet und schämte sich, seine Pflicht nicht erfüllt zu haben. Oder er hatte getötet, aber keine Uniform angehabt, und dann war die Scham, die er empfand, die des Mörders.

Welche der beiden Möglichkeiten der Wahrheit entsprach, interessierte mich im Grunde nicht übermäßig. Ich hatte unterdessen verstanden, dass es bei uns zu Hause eine Bombe gab, die noch nicht explodiert war. Sie lag begraben unter Tonnen von Schutt. Dieser Schutt waren die ungesagten Wörter. Die Sprengladung war trocken und frisch, und der Zeitzünder tickte mit genauer Regelmäßigkeit. Die Bombe war das wahre Herz unseres Hauses, das, was uns jetzt zusammenhielt und uns eines Tages wahrscheinlich in die Luft jagen würde.

In der Eingangshalle der Schule hing ein buntes Plakat, es bedeckte eine ganze Anzeigetafel. Darauf waren viele kleine Zeichnungen, wie in den Comic-Heften. Sie zeigten Kinder in kurzen Hosen, die auf dem Feld spielten. Beim Spielen fanden sie einen seltsam geformten Gegenstand. Sie waren neugierig, und um zu sehen, was sich darin verbarg, klopften sie mit einem Stein darauf. Gleich danach gab es ein großes Feuerwerk: Die Kinder flogen rückwärts, wie von einer unsichtbaren Hand zurückgestoßen. Auf der folgenden Zeichnung waren immer noch Kinder zu sehen, aber nicht mehr die von vorher: Einem fehlte ein Bein, einem anderen der Arm, ein drittes war erblindet. *Kinder, Achtung!* – stand dabei – *Wenn ihr etwas Ungewöhnliches findet, rührt es nicht an, sagt sofort euren Eltern oder der Polizei Bescheid.* Und darunter waren verschiedene Gegenstände gezeichnet. Einer sah aus wie ein Pinienzapfen oder eine Ananas, andere wie Riesenzäpfchen.

Es gab also Bomben in den Menschen. Und solche, die wie Lilienzwiebeln in der Erde versteckt waren.

Auch die Blumenzwiebeln waren vielleicht so etwas wie ein Unglück, das die Geschichte gesät hatte. Sie tötete Großväter und Väter und ließ kleine Geschenke für die Kinder und die Enkel zurück. Der Karren war vor langer Zeit vorbeigekommen, es gab keine Feinde mehr auf der einen und der anderen Seite. Aber die Leute starben trotzdem.

Mauro Covacich
Bora in San Luigi

Stellt euch vor, ihr habt Glück. Stellt euch vor, der Winter holt zum letzten Schlag aus: Ihr seid zu einem Frühlingsspaziergang aufgebrochen und nun steht ihr plötzlich inmitten von Windböen, die mit hundertzwanzig Sachen heranrauschen. So sollte es an diesem 11. April aber nicht laufen, denkt ihr, während ihr in irgendeiner Unterführung oder Ladenpassage mit den Zähnen klappert. Und doch habt ihr Glück, ihr erlebt nämlich gerade die Bora. Also: nicht verzagen! Geht ins erstbeste Kaufhaus (wenn ihr knapp bei Kasse seid, von mir aus auch in irgendeinen Chinesen-Laden), kauft eine Windjacke und kommt mit mir.

Die Bora ist wohl die meistbeachtete Sache in Triest, zumindest vonseiten der Medien. Jedes Mal, wenn sich ein spürbarer Wetterumschwung ereignet, warnt man im *Telegiornale* gleich vor einem »Kälteeinbruch«, und in einem Schnelldurchlauf der am schlimmsten betroffenen Städte kommt dann die unvermeidliche Liveschaltung auf den windgepeitschten Molo Audace, wo der genauso unvermeidliche Reporter verkündet: »Bora in Triest.« Im Filmbeitrag sieht man die immer gleichen alten Frauen, die sich an irgendwelche Geländer klammern, die immer gleiche Dame, die mit ihrem umgeklappten Schirm kämpft, die immer gleichen Gischtkronen auf dem wild gewordenen Meer. Lustig ist dabei nicht nur, dass es sich wahrscheinlich seit zwanzig Jahren in allen Nachrichtensendungen um denselben Film handelt, sondern dass es, wenn er ausgestrahlt wird, in Triest gar keinen Kälteeinbruch und schon gar keine Bora gibt. Ich habe das mal durch Zufall herausgefunden, als ich von unterwegs meine Mutter anrief. »Mamma, habt ihr Bora?« – »Bora – pah! Ja, ja, ich hab's auch im *Telegiornale* gesehen, aber hier regt sich kein Lüftchen!« Und so ging das einige Male. So oft, dass die Bora für mich eine Art virtueller Maßstab geworden ist, eine kleine Wetterstation in Bezug auf die Zuverlässigkeit der Nachrichtenmeldungen. Das sage ich aus zwei Gründen. Erstens: Solltet ihr irgendwelche Zweifel haben, wenn es in eurer bevorzugten Nachrichtensendung heißt: »Bora in Triest«, dann ruft meine Mutter an, um euch zu vergewissern; ist diese Meldung falsch, sind womöglich auch alle anderen Meldungen falsch. Zweitens ist die Bora ein eher seltenes Phänomen und nicht notwendigerweise katastrophal – was ich euch heute zeigen will.

An den Arkaden der Via Battisti nehmen wir den Bus 26 nach San Luigi. Der Bezirk, wo ich meine Kindheit verbracht habe, ist eines der Viertel, die am schlimmsten vom Wind gepeitscht werden (egal von welchem Wind). Die Bora entsteht durch die Verschiebung von Luftmassen infolge von Druckunterschieden beim Zusammentreffen zweier Wetterfronten – der aus dem Norden und der aus dem Mittelmeerraum – und ist insofern die perfekte Synthese des Genius der Stadt. Triest liegt am äußersten Rand eines warmen Meeres, das sich in den Kontinent hineindrängt, und hat ein kaltes Hinterland im Rücken. Druck- und Temperaturabfall bestimmen den Zustrom kalter Luft aus Mitteleuropa. Die Bora kommt aus Nordosten, sie wird am Postumia-Sattel kanalisiert und gewinnt im Straßenlabyrinth der Stadt an Kraft und Geschwindigkeit. Wenn sie bläst wie heute, werden die Schiffe fester vertäut, die Stadtverwaltung sichert neuralgische Punkte, die Motorroller ballen sich in Knäueln auf den Gehwegen, von den Dächern regnet es Ziegel, und natürlich rollen überall Müllcontainer durch die Gegend. Aber man hört kaum jemanden klagen. Im Gegenteil, unter den Triestern herrscht die verbreitete Meinung, die Bora sei gesund. Sie stärke und festige nicht nur den Körper, sondern auch den

Charakter. Sie fege Krankheiten hinweg. Sie sei eine Karst-Nymphe und als solche ein schützender Geist. Sie sei die Stimme und der kraftvolle Odem der Stadt. Eines ist sicher: Spürt ihr, wie rein die Luft heute ist? Spürt ihr, wie euch die Nase juckt? Und habt ihr schon mal einen so hohen und so hellen Himmel gesehen? Einen Himmel, der aussieht wie frisch lackiert? Ganz zu schweigen von dem Heidenspaß, den man mit der Bora hat.

Der Bus setzt uns in der Via Biasoletto ab. Vorne sieht man schon die hufeisenförmige ICAM-Siedlung (*Istituto Comunale per Abitazioni Minime,* Kommunales Institut für Kleinwohnungen – Sozialer Wohnungsbau also), wo meine Großeltern väterlicherseits gewohnt haben. Der 1912 fertiggestellte Komplex aus schlichten, bescheidenen Einheiten, im institutseigenen Planungsbüro entworfen, ist noch immer ein Monument der Stadtplanung, mehr aber noch der Architektur österreichischer Schule. Er besteht aus sechs vierstöckigen Gebäuden, ein jedes der Bodenneigung folgend gegen das angrenzende versetzt. Auf jedem Stockwerk gibt es vier Zweizimmerwohnungen mit Fenstern nach beiden Seiten für eine gute Durchlüftung, und nach hygienischen Maßgaben sind sie mit einem WC ausgestattet, und zwar alle. Diese Armeleutehäuser – Sozialwohnungen in einer Gegend, die einmal ein typisches Triester Arbeiterviertel werden sollte – hatten schon Anfang des 20. Jahrhunderts ein eigenes Bad. Und nicht nur das: Sie waren mit äußerster Sorgfalt verputzt und mit Schmuckfriesen verziert, die Balkone hatten schmiedeeiserne Balustraden, Sockel und Ecken waren mit Bossenwerk geschmückt, der Hof war in große Terrassen unterteilt, es gab rote Holzbänke und einen schönen Rasen. Schon ein Blick von außen verrät, dass man an einem solchen Ort auf jeden Fall ein gutes Leben haben kann. Der den Komplex entworfen hat (Ludovico Braidotti), war vielleicht kein Architekturgenie, hat aber eindeutig daran gedacht, dass dort Menschen leben werden. Menschen, die sich zu Tisch setzen, die sich die Zähne putzen, sich zanken, ein Nickerchen machen. Personen, Bewohner, menschliche Wesen, die das Recht haben, in einem behaglichen Heim zu leben. Gebäude dieser Art sind, wie die Bora, der Schnittpunkt der beiden Seiten Triests, der kalten und der warmen, der ästhetischen und der moralischen, der Seite der Lebensfreude und der von Recht und Gerechtigkeit.

Am Abend hat sich meine Großmutter immer an das Fenster im dritten Stock gesetzt und auf ebendiese Haltestelle geblickt, wo wir gerade ausgestiegen sind. So hat sie sich entspannt. Sie hatte in der Wohnung eine Art Minifrisörsalon eingerichtet. Als tüchtige Süditalienerin – Nonna Lisa stammte aus Muro Lucano – wusste sie sich zu helfen und sie war mächtig stolz, dass manch eine Kundin sogar aus dem Zentrum hierher kam. Aus der *Stadt*, wie sie sagte. Nach fünf hat sie Feierabend gemacht, sich ans Fenster gesetzt und geraucht. Sie war eine ganz kleine Frau, sehr melancholisch und sentimental. Mein Großvater hatte sie mitgebracht, als er aus der politischen Verbannung zurückgekommen war, damals war sie gerade achtzehn Jahre alt gewesen. Sie war aus dem Internat abgehauen und war als schwarzarbeitende Friseuse in Triest gelandet, mit einem stalinistischen Don Giovanni als Ehemann. Wer weiß, was hinter dieser Scheibe lag – was sie gesehen hat, wenn sie aus dem Fenster blickte? Vielleicht all die Wege, die sie in ihrem Leben nicht eingeschlagen hat. Vielleicht auch nur die Bushaltestelle. Sicher war jedoch, dass sie die Abende mit der Bora am liebsten mochte. Dann machte sie sich ein schönes Plätzchen zurecht, Kissen im Rücken, Mokka zur Hand, und freute sich auf das Spektakel. Wenn die Leute aus dem Bus stiegen, lachte sie sich krank: Der eine umarmte den Laternenpfahl, der andere krümmte und wand sich, manche fassten sich an den Händen wie Fallschirmspringer bei einer Vorführung, und einer fiel grundsätzlich auf den Hintern und streckte alle viere von sich. Seitdem sind einige Jahre vergangen, ich sehe regelmäßig und mit großem Vergnügen die Sendung *Oggi le comiche* und lache über die gleichen Szenen, bei denen auch meine Großmutter losgeprustet hat – und spüre, wie schmerzlich sie auf unserem Sofa fehlt.

Im Hof der Via Biasoletto – der jetzt unerklärlicherweise asphaltiert ist – habe ich all die Jahre seit dem Kindergartenalter bis zu der Zeit, als ich regelmäßig ins Jugendhaus ging, fast alle Nachmittage ohne Regen verbracht. Es war meine »Paulstraße«. An diesem einst grasbewachsenen Ort habe ich (nach streng chronologischer Ordnung) gespielt: Mama und Papa, Barbie und Ken, Tarzan (an den T-Pfählen mit den Wäscheleinen), Fangen in allen Varianten (Wer hat Angst vorm Schwarzen Mann?, Fischer, wie tief ist das Wasser?, Hexe, Hexe, was kochst du heute?, Fuchs, Fuchs, wie viel Uhr ist es?), Völkerball, Verstecken, Fußball, Straßenlaternen Ausschießen, und natürlich habe ich mich mit meinen Freunden – und Freundinnen – aus jedem noch so läppischen Anlass gehörig geprügelt (eine Angewohnheit, die sich womöglich in meiner späteren Kindheit und im Jugendhaus noch verstärkt hat). Wir waren immer ein ganzes Heer von Kindern, eine Horde kleiner Racker, die gleich nach dem Mittagessen von den Eltern rausgeschickt wurden in der Hoffnung, der Radau, den wir – jeder für sich – zu Hause veranstaltet hätten, würde in irgendeiner Weise im kollektiven Lärm untergehen.

Aufgepasst – ich habe gesagt: Nachmittage ohne Regen, nicht: ohne Bora. Wenn die Bora blies, haben wir uns einfach wärmer angezogen, wie heute; wir sind nicht zu Hause geblieben. Es waren besondere Tage, denn in einem Wind von hundert Stundenkilometern konnte man natürlich nicht ausgiebig spielen. Aber es kam immer der Moment, in dem die älteren Kinder dann ihre unendliche Überlegenheit ausspielten und etwas Neues erfanden oder, wie in unserem Fall, Heldentaten vollbrachten, die die Hierarchie in der Gruppe grundlegend auf den Kopf stellten, alte Rangordnungen auflösten und neue hervorbrachten.

Hinter der ICAM-Siedlung verläuft die Via Marchesetti. Es ist keine sehr abschüssige Straße, aber sie verjüngt sich zwischen der durchgängigen Mauer hinter den Häusern und dem Wäldchen von Cacciatore wie ein natürlicher Tunnel oder, besser besagt, wie eine natürliche Halfpipe, eine Skateboard-Piste, in die Böen mit voller Wucht hineinpfeifen und alles hinwegfegen, was sie vorfinden, einschließlich Kindern, die ihren Anorak offen und mit wehenden Schößen tragen. Und das war die Idee: Zum einen musste man versuchen, den Hügel hinunterzusausen, ohne auf der Nase zu landen, und zweitens dem Wind standzuhalten, ohne die Füße zu bewegen. Ich muss nicht betonen, dass für Spaß gesorgt war: Die Leichtesten von euch würden auf jeden Fall die Bodenhaftung verlieren und womöglich Gefahr laufen, wirklich davonzufliegen. Wenn ihr jedoch keine Lust habt, das auszuprobieren – der einzige verhaltensbiologische Vorteil, kein Kind zu sein, besteht darin, dass man seinen Rang nicht verliert, wenn man einen Rückzieher macht, das heißt jedenfalls nicht so nachhaltig … –, könnt ihr euch auch einfach nur auf die Straße legen und wie Windsurfer auf eine gute Welle warten. Wenn sie kommt, könnt ihr, fest auf die Erde gedrückt, hören, wie sie wild im Wäldchen heult, könnt spüren, wie sie euch in die Nasenlöcher, ins Gehirn fährt und euch den Atem raubt. Haltet mich bitte nicht für einen durchgeknallten Fanatiker, aber dieser kalte Apriltag ist ein Glücksfall, der nur wenigen widerfährt. Vergeudet ihn nicht, wehrt euch nicht gegen die Bora; das sage ich für den Fall, dass ihr schon mit mir unterwegs seid oder vorhabt, irgendwann einmal – dick eingemummt – hier vorbeizukommen.

Bertram Karl Steiner
Österreich im Elysium

An der Decke ein vergoldeter Lorbeerhain. Art Nouveau aus Gips und Bronze. Schon nachgedunkelt. Bronze oxydiert, was ein Glück ist. Im Lorbeerschatten des Caffè San Marco, Via Cesare Battisti. Diesem wurde wie dem Guglielmo Oberdan vorher auf Veranlassung eines österreichischen Kriegsgerichtes der Hals langgezogen, bis die Nackenwirbel brachen, in Trient 1916. Die Dummheit triumphierte, und der weltenumspannende Doppeladler ging zwei Jahre später an der Dummheit seiner braven Österreicher ein. (Dummheit ist eine Sünde, sagte die bucklige, katzengescheite Triestiner Jüdin und voltairianische Katholikin Dottoressa G. zu jeder passenden und unpassenden Gelegenheit. Es gibt keine unpassende.) Durchatmen in einer Luft, die nach Illy-Kaffee und Zigarrenrauch riecht. In diesem Kaffeehaus lässt sich ums Eck denken, scharf streiten, abgehoben von der Welt in den Laptop tippen. Allein sein vor allem. Einen Aperitif nehmen. Gebratene Erdäpfel werden (sonst noch was?) mitserviert. Amerika triumphiert im Detail. (Vorsicht!) Aber wir sind in Europa. Aber dort, wo Europa unheimlich wird. »Freude, schöner Götterfunken, Tochter aus Elysium.«

»Neunzig Jahre bin ich alt«, sagt der Herr (wer macht sich in entgötterten Tagen auch nur einen Begriff davon, was ein Herr ist) zu seinem Gast: »Mein Großvater war Offizier bei der Kaiserlich-Königlichen Marine. Meine Wohnung ist zwei Schritte von hier, aber in diesem Raume lebe ich. Hier ist nämlich Österreich. In diesem Raum. Österreich und der Rest der Welt. Da schauen Sie hinauf!« Hinter dem Schreibtisch, wo der alte Herr residierte, die Altersflecken auf den

Händen (Wie sind die Hände geschrumpft, ägyptischen Mumienhänden ähnlich!) gereichen ihm zum Ruhme wie die Goldne Tapferkeitsmedaille einem Offizier der K. u. K. Armee, ist ein Bücherregal in den Pfeiler eingelassen. Der Herr deutet hinauf: »Da sind die Bücher der Dichter, die das Caffè San Marco gemacht haben. Was hier aufbewahrt ist, genügt, um die sogenannte Welt wahrzunehmen: James Joyce, Italo Svevo, Umberto Saba, Scipio Slataper, Rilke, Däubler, Ferruccio Fölkel, Claudio Magris. Wozu die Zeitungen lesen? Die Welt wird nicht besser, schlechter vielleicht. Wahrscheinlich sogar. Ich will gar nicht mehr wissen, was »Fini« heute bedeutet. Früher verstand man darunter unsere Malerin Leonore Fini, die Katzengöttin. Wenn sie in ihre Pariser Wohnung zum Essen einlud, sprangen ihre Katzen auf den gedeckten Tisch und fraßen mit. Aber wer erinnerte sich an Leonore Fini? Und jetzt? Fini? Hat das Wort etwas mit ›Finis‹ zu tun? Ich will es nicht wissen. Aber was kann es Besseres geben als ein Kaffeehaus, wo man in Ruhe gelassen wird? Das reinste Elysium, sage ich Ihnen. Oder kennen Sie etwas Besseres? Etwas Schlechteres schon. Kunststück. Kennen Sie die Risiera di San Sabba?«.

Frage: »Hier hält sich Österreich auf? Sie haben doch gerade gesagt, dass Österreich sich in diesem Raume aufhält?«

Räuspern. Antwort, nicht ungeduldig, aber bestimmt, eine Spur heiser: »Ich kenne Wien, natürlich, für uns alte Triestiner gehört es sich, Wien zu kennen. Aber Wien ist heutzutage in der Tat nur mehr ein geographischer Begriff, wie der selige Metternich das einmal, fälschlicherweise, für Italien formuliert hat. In dem Falle täuschte sich der mit astronomischem Abstand allergescheiteste aller österreichischen Politiker gründlich. Oder gibt es in Wien noch eine einzige Residenz, wo Österreich standesgemäß zu leben vermöchte? Oder in Klagenfurt, Salzburg, Graz, Sankt Pölten? Zeigen Sie mir ein Kaffeehaus, wo die Geister Österreichs den Kleinen Schwarzen und das Glas Wasser hingestellt bekommen, ehe sie noch Herr Ober! gerufen haben? Kennen Sie im realexistierenden Österreich auch nur ein einziges Kaffeehaus, wo man ihnen ein Denkmal aus ihren Büchern errichtet hätte? Die Leute dort oben? Die hinter Tarvis? Pardon, aber das sind doch schon längst keine Österreicher mehr. Sie schuhplatteln, jodeln, schauen sich den Musikantenstadel an, wählen sich irgendwelche Rotzbuben zusammen, wenn ihnen das Bier in den Kopf gestiegen ist. Was sagt denen noch Grillparzer, der in Triest seiner Medea begegnet und daran für sein Lebtag kopflos geworden ist? Bis er gesagt hat ›Zu spät, zu spät‹. Oder Herzmanovsky-Orlando, der Medeas Wohnsitz ausfindig gemacht hat? Was sagt ihnen der abgründige Mythos der Besitzer von Miramare? Wer schlägt noch vor Schreck die Augen nieder, wenn er das Wort ›Goldenes Vlies‹ hört? Nein, nein, mein Herr, wir sind es, die auf unser Österreich aufpassen, solange wir können halt; in unserem Extrazimmer werden Sie es finden, warten Sie, ich werde nachfragen lassen, ob Österreich Sie empfängt. Waren gestern unpässlich. Die Nachrichten, immer die Nachrichten. Bitte einen Augenblick warten zu wollen«.

»Die gnädige Frau geruhen zu empfangen«: Die verspiegelte Tür zum Separée geht auf, im Dämmerlicht, die Fenster sind verhangen, draußen wird es schön langsam Abend, gewahrt der Gast niemanden. Leere. Im Vorwort zu der von Piero Rismondo besorgten Übersetzung von Svevos *Senilità* schreibt eine gewisse Lene Waage-Petersen vom Alten Österreich sehr treffend, »seine Wirklichkeit ist auf Abwesenheit, auf Leere gerichtet«.

Aber die zwei schwarzen Patschen aus Rauhleder mit dem Reißverschluss, die sich auf dem schwarz geölten Fußboden aus der puren Leere materialisieren, die hat er doch schon einmal gesehen. Ein bodenlanger schwarzer Kittel, zwei uralte weiße Hände liegen gefaltet im Schoß. Eine Halluzination? Er war doch bei ihrem Begräbnis in Wien, 1989, sechs Rappen zogen den schwarzen Leichenwagen, die Zirler Schützen begleiteten ihn, und die Pummerin donnerte vom Heidenturm. »Majestät«. Zwei uralte Elefantenaugen, gütig, aber nie und nimmer aber auch schon nichts und niemanden vergessend. »Und, was gibt es Neues im lieben Österreich? Erzählen Sie mir, aber etwas Schönes, wenn's geht ... Seit ich mit dem Otto im Arm in der Pergola von Miramare gesessen bin, hat es dort nicht viel Schönes gegeben. Ja, zweimal war ich noch in der Stephanskirche. Einmal lebendig, das zweite Mal im Sarg.« Der Gast beugt sich über die weißen Finger, die sich ihm entgegenstrecken. Den Handkuss appliziert er schon wieder der reinen Leere.

Dieselbe riecht jetzt nach Weihrauch: Gold und Silber und die Krone und das Szepter und das Gewand brokatstarrend, zwölf Sterne um das Köpfchen unter der fein gepuderten Perücke. Das Gesicht ist so gleißend hell, dass man die Züge nicht erkennen kann. Einen gekrönten Buben hält die Erscheinung in den Armen. »Wir ziehen zur Mutter der Gnaden, zu ihrem hochheiligen Bild«, sangen die Pilgerscharen früher in Österreich. Das Bild, Bauernrokoko, das im Schloss der Baronessa B. hängt, hat sich manifestiert. Was hatte die Baronessa gesagt: »Es waren ein paar überaus fromme Herren hier, ein Kardinal, rot wie ein gekochter Hummer, war darunter. Die haben behauptet, das Bild da an der Wand, das wär' doch die reinste Blasphemie. Die Mariazeller Muttergottes als Porträt der Maria Teresia, und dann noch das Kind. Josef II., der Aufklärer. Das müssen Sie verhängen, Baronin.« Der Weihrauch wölkt, das Sistrum der Ministranten rast, in der Basilika von Mariazell, in welche sich das Extrazimmer weitet, ist es so heiß geworden, dass sich die Kerzen biegen. Erhebend. Komisch. »Was soll's, das Bild bleibt da hängen«, hatte die Baronessa, selbst über die Maßen fromm, geschlossen. »Sie hat auf den Salinen den Borgo Teresiano bei uns bauen lassen, mit dem Kanal. Das Bild bleibt hängen.«

Schon ist es weg, Leere über dem schwarzen Fußboden.

»Tun's nicht so fromm, fromm bin ich selber.« Fulminant der Busen (sprengt er die Corsagen jetzt und jetzt oder doch nicht?), das Geschau von einer 17-Jährigen, die nicht nur um eine Spur zu genau weiß, was sie will. Was heißt zu genau – man kann in eroticis nicht präzise genug wissen, was man will ... Genies will sie, Männer, die ihr zumindest ebenbürtig sind. Klimt und Zemlinsky, Gustav Mahler und Kokoschka, Gropius und Franz Werfel und den hochwürdigen Herrn Beichtvater Pater S. zum Dessert: »Der Kokoschka hat sich eine Puppe nähen lassen. An sich eine unappetitliche Geschichte. Aber mit meinem Porträt, von ihm selbst gemalt. Ein echter Kokoschka. Doch nicht so unappetitlich. Die Puppe hat er dann gevögelt. Pardon, hoch verehrt hat er sie und ist mit ihr im Fiaker zum Prater gefahren. Die Hand hat er ihr geküsst. Dann ist es ihm zu blöd geworden. Er hat sie weggeschmissen. Schad drum, war mein Porträt darauf. Ich hätte sie auf meinen Diwan gelegt. Eine Trophäe mehr. Aber zum 70er hat er mir dann gratuliert, der dumme Bub. Ja, ich bin auch da im Exil. Wofür wäre ich sonst mit der Dritten vom Bruckner im Rucksack, zu Fuß und mit dem Juden Werfel im Schlepptau über die Pyrenäen gegangen? Damit wir den rotzigen Nazibuben auskommen. Retour gehen ins realexistierende Österreich? Dass ich nicht lache, dorthin, wo man uns eh nie zurückhaben wollte. Die alte Kaiserin nicht und die Mariazeller auch nicht und mich? ›Was haben Sie sich auch mit dem Juden Mahler einlassen müssen‹, hat mich ein Beamter gefragt, als ich nach dem Krieg einmal nach Wien gekommen bin. Aber hier in Triest waren wir auf der Flucht 1938 einmal noch auf dem Boden, den wir ›Österreich‹ genannt hatten. Als der Zug dann an Grignano vorbeidampfte, hat der Franz hinunter geschaut nach Miramare. Werfel hat, wie Sie wissen, ein Stück über den Kaiser und seinen Todfeind geschrieben, 1924, *Maximilian und Juarez*. Ist am Burgtheater aufgeführt worden.

Lieb, was der Kokoschka mir zum Siebziger geschrieben hat: ›Sieh Dir die öden und prosaischen Gesichter um Dich herum an – nicht eines hat die Spannung des Kämpfens mit dem Leben erkannt, des Genießens, selbst des Todes, des Lächelns über die Kugel im Schädel, das Messer in der Lunge. Nicht einer – außer Deinem Geliebten, den Du einst in Deine Geheimnisse einweihtest. Denke daran, dass dieses Liebesspiel das einzige Kind ist, das wir haben. Nimm Dich in Acht und verbringe Deinen Geburtstag ohne Katzenjammer …‹

Aber jetzt haben wir genug getratscht. Wir wollen allein sein, allein, allein. Wie der Kaiser Rudolf II. beim seligen Grillparzer. Allein, allein, allein.«

»Österreich war relativ gut aufgelegt heute«, flüstert der Cafetier, indem er den Gast diskret am Ärmel aus dem Extrazimmer zieht. Richtig leutselig. Hat halt wieder einmal die Zeitungen aus dem realexistierenden Österreich nicht gelesen. Ich habe dieselben versteckt, die Dame ist leidend, bedarf der Schonung. Oder hätten Sie der Kaiserin Charlotte von Mexiko die Zeitungen gegeben, 1867, wie sie ihr den Maximilian erschossen haben? Ehren-Triestiner, alle beide. Er lag in Queretaro in seinem Blut, sie starb 50 Jahre danach in Tervueren. Das liegt in Belgien. Vergessen ist Humanität und Bestialität in einem, je nach der Dosierung. Die dort oben, die hinter Tarvis, die haben Vergessen getrunken, bis zur Amnesie.

Ein Kellner drängt vorbei, stolpert, das verspiegelte Tablett zerklirrt am Boden. »Da haben Sie die Bescherung«, sagt der alte Herr: »Ganz wie im November 1918. Tausend Spiegelfragmente, jedes spiegelt das Ganze wieder. Nur der Rahmen, der ist leer. Den bewahren die hinter Tarvis auf, die Lederhösler. Wir haben zumindest einen Splitter.« Das realexistierende Österreich ist zum blinden Fleck geworden, das Mysterium »Österreich« glitzert in den Fragmenten. Und in diesem Kaffeehaus, wo einst die italienischen Irredentisten gegen Österreich (sie waren beide nicht blöd) konspirierten, justamente hier hat es sein Austragsstüberl.

Das Vergessen: Das Herrliche und das Entsetzliche haben die hinter Tarvis mitvergessen. Die Sage vom Goldenen Vlies ebenso wie die Hölle der Risiera di San Sabba, wo die hinter Tarvis – wenn ich mich recht erinnere, war die Direktion in Kärnten – die Folterknechte stellten. Alle sind sie Lemuren geworden. Ja, das Vergessen: österreichische Humanität, österreichische Bestialität. »Glücklich ist, wer vergisst, was doch nicht zu ändern ist.« Das hätten die Leute, die sich heute Österreicher nennen, zu ihrer Nationalhymne machen sollen. Dass das Österreich, von dem die hinter Tarvis nichts mehr wissen, auch nichts mehr wissen wollen, drei Köpfe hat, haben Sie ja wohl bemerkt … Man weiß nie, woran man gerade ist, wenn man, wie ich, den Mokka hineinträgt … Wo man ist, schon. Daheim.

Christoph Ransmayr
Der Verschollene

Josef Mazzini kam als Sohn des aus Wien stammenden Tapezierers Kaspar Mazzini und dessen Frau Lucia, einer Triestiner Miniaturenmalerin, im Triest des Jahres 1948 zur Welt. In den ersten Tagen nach seiner Geburt erreichte ein wochenlanger Streit im Tapeziererhaus seinen Höhepunkt: Es war der deutsche Name *Josef*, den die Mutter, eine begeisterte Italienerin, vergeblich zu verhindern suchte. Der Tapezierer, der schon damals an den Augen litt und in den Jahren der abnehmenden Sehkraft immer unverträglicher wurde, ließ aber auch hier alle Einwände und Bitten hinter sich. Josef Mazzini wurde in einer Wohnung, die nur durch eine hölzerne Schiebetür von der Werkstätte seines Vaters getrennt war, in den Muttersprachen der Eltern so gründlich erzogen, dass der für eine *bessere Zukunft* bestimmte Erbe sehr bald begann, nicht nur gegen die väterlichen Absichten, sondern gegen jede Vorschrift zu leben. Er wurde *schwierig*.

In den frühen Erzählungen der Mutter, einer geborenen Scarpa, war die Welt ein Album, in dem man blätterte. Lucia Mazzini versuchte ihren Sohn stets zu besänftigen. Sie erzählte viel. In den Nachmittagsstunden war die Gegenwart oft nichts als ein Arbeitsgeräusch, das in unregelmäßigen Abständen durch die Schiebetür drang; am Küchentisch aber war die Vergangenheit übermächtig und malerisch. Unter den Scarpas seien viele Seeleute gewesen, hieß es in den Erzählungen, Steuermänner, Kapitäne! Lorenzo etwa, der die Welt siebzehnmal umschifft hatte, als man ihn dann in Port Said erschlug, oder Antonio, der Urgroßonkel, Antonio Scarpa!, der sei mit einer österreichischen Expedition, die in Wahrheit fast nur aus italienischen Matrosen bestanden hätte, sogar bis an den Nordpol gesegelt und hätte dort ein Gebirge aus Eis und schwarzen Steinen entdeckt, ein strahlendes Land unter einer Sonne, die niemals untergegangen sei. Aber das Schiff, über und über mit Eiskristallen bedeckt, sei festgefroren und Antonio schließlich zu Fuß über ein erstarrtes Meer aus der Wildnis zurückgekehrt. Er habe viel dabei gelitten. Wenn die Mutter von Antonio Scarpas qualvollem Weg durch das Eis erzählte, schlug sie manchmal die Hände über dem Kopf zusammen und machte seltsame Augen. Italien war groß. Italien war überall!!! Und Lucia, die an ihrem Tapezierer aus Wien keine Freude mehr fand, tröstete sich und ihren Sohn damit. Der Schüler Mazzini wurde mit *Helden* vertraut. So auch mit dem Schicksal des schönen Generals Umberto Nobile aus dem Avellino, dem die Miniaturenmalerin gewiss manche Träume gewidmet hatte. Nobile hatte im Mai 1926 gemeinsam mit Roald Amundsen, dem Eroberer des Südpols, dem amerikanischen Millionär Lincoln Ellsworth und zwölf anderen Fliegern den Nordpol im Luftschiff von Spitzbergen aus überflogen und war unversehrt und angetan mit einer golddurchwirkten Paradeuniform in Alaska gelandet. Und zwei Jahre später war Lucia, ein weißgekleidetes, fähnchenschwenkendes Mädchen, dabeigewesen!, als man Nobile in Mailand zu einem zweiten Polflug verabschiedet hatte. Was für ein Fest! Auch der Duce war dabeigewesen. Aber dieser Apriltag war lang geworden und vergangen, ohne dass sich Nobiles Luftschiff *Italia* in den Mailänder Himmel erhoben hätte. Bis spät in die Nacht war das Schiff vertäut geblieben, und die Menge hatte sich allmählich verlaufen, als dann endlich, mattschimmernd und ungeheuer, die gewaltige Zigarre *Italia* sachte aus ihren Fesseln glitt und in die Finsternis emporstieg. Lucia hatte damals ausgeharrt bis zu diesem einen wunderbaren Augenblick, hatte, auf Zehenspitzen stehend, das papierene Fähnchen in die Nacht hinaufgestreckt und sich vor Begeisterung in die weißen Knöchel ihrer Faust gebissen. Aber aus diesem Abenteuer war Lucias Held so verwandelt zurückgekehrt, ein Schiffbrüchiger, dass die Miniaturenmalerin ihn später nur mit Mühe und gegen die öffentliche Meinung in seiner alten Herrlichkeit bewahren konnte. Es war *das* Unglück, von dem Josef Mazzini im Tapeziererhaus zu hören bekam. Und auch wenn damals der Absturz der *Italia* schon zu weit zurücklag, die Toten schon lange tot, die überlebenden Helden beinahe vergessen waren und der Zweite Weltkrieg inzwischen alle Abenteuer in der Arktis und sonstwo als lächerliche Hasardspiele weggewischt hatte – so war es doch das erste Unglück, das Mazzini in seinem Leben betroffen machte und ihn schlimm träumen ließ. Denn in den Erzählungen vom Untergang der *Italia*-Expedition begann Mazzini zum ersten Mal zu begreifen, dass es so etwas tatsächlich gab: tot sein. Und das erschreckte ihn. Was war das für ein Meer, auf dem sich Helden in Lumpengestalten, Kapitäne in Menschenfresser und Luftschiffe in eisige Fetzen verwandelten?

Ich nehme an, dass Mazzini damals begonnen hat (war er zwölf, war er jünger?), seine ersten, ungefähren Vorstellungen von der Arktis zum Bild einer kalten, gleißenden Welt der Ungeheuerlichkeiten zusammenzufügen; einer Welt, in deren beängstigender Leere einfach alles möglich war und von dem man im Tapeziererhaus nur heimlich und ein bisschen altmodisch zu träumen wagte. Es war kein schönes Bild. Aber es war so mächtig, dass Mazzini es aus seiner Kindheit in die Jahre hinein mitnahm.

Der Tapezierer hörte die Geschichten nicht gern, die seine Frau dem Erben erzählte. Er schimpfte Lucias Helden *Idioten,* Nobile gelegentlich einen *Faschisten* und ließ aber doch zu, dass eine postkartengroße Fotografie, die den General vor dem Ankermast seines Luftschiffes im spitzbergischen Ny Ålesund zeigte, über Jahre an die Schiebetür zur Werkstatt geheftet blieb. Als man das Bild endlich abnahm, blieb, wie ein Fenster in eine andere Welt, ein helles Rechteck an der Tür zurück, und Josef Mazzini war längst in Wien. Er hatte den schließlich aussichtslosen Streit, der in der Familie um seine Zukunft geführt wurde, mit seinem Abschied von Triest hinter sich gelassen und ließ sich auch im Verlauf von immer selteneren Besuchen nicht mehr dazu bewegen, den geordneten Platz eines *Erben* wieder einzunehmen. Dass Mazzini nach Wien gegangen war, mochte sogar etwas mit den trotzigen Fluchtphantasien seines Vaters zu tun haben, der an seinen üblen Tagen Triest verflucht und stets davon gesprochen hatte, wieder in seine Heimatstadt zurückzukehren; es mochte auch an einer kleinen, verstaubten Verwandtschaft liegen, die an der Wiener Thaliastraße einen Handel mit Obst und Südfrüchten betrieb und den italienischen Neffen in der ersten Zeit nach seiner Ankunft halbherzig unterstützte – gleichwie, Mazzini war in Wien und machte, abgesehen von strapaziösen Reisen, keine Anstalten, wieder zurück nach Triest oder anderswohin zu gehen. Er habe sich, sprach er vermutlich das Deutsch seines Vaters, *hier niedergelassen.*

Ingeborg Bachmann

Das Haus Österreich

Am liebsten war mir immer der Ausdruck »das Haus Österreich«, denn er hat mir besser erklärt, was mich bindet, als alle Ausdrücke, die man mir anzubieten hatte. Ich muss gelebt haben in diesem Haus zu verschiedenen Zeiten, denn ich erinnre mich sofort, in den Gassen von Prag und im Hafen von Triest, ich träume auf Böhmisch, auf Windisch, auf Bosnisch, ich war immer zu Hause in diesem Haus und, außer im Traum, in diesem geträumten Haus, ohne die geringste Lust, es noch einmal zu bewohnen, in seinen Besitz zu gelangen, einen Anspruch zu erheben, denn die Kronländer sind an mich gefallen, ich habe abgedankt, ich habe die älteste Krone in der Kirche Am Hof niedergelegt. Stellen Sie sich vor, dass nach den beiden letzten Kriegen jedesmal mitten durch das Dorf Galicien die neue Grenze gezogen werden sollte. Galicien, das niemand außer mir kennt, das anderen Menschen nichts bedeutet, von niemand besucht und bestaunt wird, geriet immer genau unter den Federstrich auf den Stabskarten der Alliierten, aber beide Male wurde es, jedesmal aus anderen Gründen, wieder bei dem, was heute Österreich heißt, gelassen, die Grenze liegt nur wenige Kilometer davon, auf den Bergen, und im Sommer 1945 fiel die längste Zeit keine Entscheidung, ich war dorthin evakuiert, riet hin und her, was in Zukunft aus mir werden würde, ob man mich zu den Slowenen nach Jugoslawien zählen würde oder zu den Kärntnern nach Österreich, es tat mir leid, dass ich in den Slowenisch-Stunden gedöst hatte, weil mir Französisch leichter fiel, sogar für Latein hatte ich mehr Interesse aufgebracht. Galicien wäre natürlich Galicien geblieben, unter jeder Flagge, und viel gemeint hätten wir nicht dazu, weil wir uns um Ausdehnungen überhaupt nie gekümmert haben, in der Familie hieß es immer, wenn das vorbei ist, dann werden wir wieder nach Lipica fahren, wir müssen unsere Tante in Brünn besuchen, was mag aus unseren Verwandten in Czernowitz geworden sein, die Luft ist besser im Friaul als hier, wenn du groß bist, musst du nach Wien und Prag gehen, wenn du groß bist…

Ich will damit sagen, die Realitäten sind von uns immer gleichmütig und apathisch respektiert worden, es war uns völlig gleichgültig, in welche Orte welche Länder geraten waren und noch geraten würden. Trotzdem bin ich anders gereist nach Prag als nach Paris, nur in Wien habe ich zu jeder Zeit mein Leben nicht wirklich, aber auch nicht verloren gelebt, nur in Triest war ich nicht fremd, aber es wird immer gleichgültiger. Es muss nicht sein, aber ich möchte einmal und bald, vielleicht dieses Jahr noch, nach Venedig fahren, das ich nie kennenlernen werde.

Werner Kofler
Wie ich Roberto Cazzola in Triest plötzlich und grundlos drei Ohrfeigen versetzte

Dass ich dem Lektor Cazzola in Triest plötzlich, und dem Anschein nach grundlos, drei Ohrfeigen versetzte, kam so: Wir gingen, Anna, Cazzola und ich, wir gingen heiter gestimmt, im spätsommerlichen Abendlicht – oder war es bereits in der Morgendämmerung? – über den großen Platz vor dem Rathaus, Cazzola in seinem wunderbaren Kaschmir-Pullover (der weinrote, ärmellose Pullover scheint in Italien nicht gebräuchlich zu sein), und redeten; Roberto hatte mich bereits vom Umstand in Kenntnis gesetzt, dass, was die Entscheidung über eine italienische Ausgabe meiner Bücher im Verlagshaus Einaudi anlange, noch das Zusammentreten der *Kommission* abgewartet werden müsse; ich aber ahnte längst, dass das Glück beim Händewaschen mir nicht beschieden sein würde, nicht mir; ich war freilich auch nicht Zoderer: ein unüberbietbarer Vorteil. – Wir gingen also langsam über den Platz und unterhielten uns über diese und jene, über Hintze und Kunze, Piron und Knapp, Wondra und Zwickl, nein, über Wondra und Zwickl nicht, und ich fragte Cazzola, ob er den Film *Schein oder Nichtschein* – ich weiß, ich versprach mich –, ob er den Film *Sein oder Nichtsein* von Ernst Lubitsch kenne, *Man nennt mich also Konzentrationslager-Erhardt,* diesen? – Dass der Film sehr lustig sei, gab Cazzola zur Antwort, warum aber mir, im Zwielicht, den großen Platz querend, auf einmal dieser Film in den Sinn komme? – Hereingefallen, konnte ich gerade noch hervorbringen, dann schüttelte es mich plötzlich vor Lachen, ich lachte und lachte, so sehr, dass ich stehenbleiben und nach Luft ringen musste, von zunächst erstaunten, dann sorgenvollen

Blicken begleitet, ein Lachen, das nicht aufhören wollte und mit dem Film nicht mehr zusammenhängen konnte. Was denn dermaßen zum Lachen wäre, wurde ich, einen unwilligen Unterton meine ich herausgehört zu haben, gefragt; nichts, gab ich, wieder gefasst, zurück, nichts, nichts und alles … Ich musste mir nur plötzlich vorstellen, Ihnen, Roberto, völlig grundlos eine Ohrfeige zu versetzen, einfach so, wissen Sie, eine, und noch eine, und weil's so lustig ist, eine dritte. Ah, es muss wunderbar sein, jemandem einfach so, aus heiterem Himmel, in aller Höflichkeit gewissermaßen einige Ohrfeigen zu versetzen, erklärte ich dem verdutzten Lektor. Nun sehen Sie mich nicht so an, wie wenn Sie nicht verstünden, eine Ohrfeige, einfach so, ohne Absicht, ohne Anlass, *so*, verstehen Sie, sagte ich, und versetzte ihm eine Ohrfeige, und sogleich noch eine; verstehen Sie, *so, lustig, einfach lustig,* und schon hatte ich ihm eine dritte, abschließende, daher etwas kräftigere – punktum, basta – verabreicht. Ein feiner Spaß, vom Allerfeinsten! Freilich wird er dem Kunstrichter Cazzola nicht sehr bekommen haben, aber für die in Klagenfurt, beim Lesewettbewerb, möglicherweise zutage getretenen Spätfolgen übernehme ich keinerlei Verantwortung. *Zeichen und Bedeutung,* lieber Roberto, soll ich, laut Anna, meiner Begleiterin, Cazzola nach der dritten Ohrfeige, im Abendlicht, im Morgentau, zugerufen haben, Zeichen und Bedeutung; kann sein, kann sein auch nicht, denn nach der dritten Ohrfeige verlässt mich die Erinnerung – so nachhaltig, dass ich nicht sicher sein kann, ob sich das Geschilderte tatsächlich so abgespielt hat oder nicht.

Grenzen und Brüche –
Karst und Küste

Scipio Slataper
Mein Karst

Karst, der du hart bist und gut! Du kennst kein Ausruhen, mein Karst, und nackt begegnest du dem Eis und dem heißen August, zerbrochen und keuchend gegen einen Bergkamm hin, um einem Ziel nachzulaufen; aber die Berge brechen in Stücke, das Tal schließt sich, der Bach verschwindet im Erdreich.

Alle Wasser stürzen in deine Spalten, die trockene Flechte ergraut auf deinem weißen Fels und die Augen flackern im sommerlichen Inferno. Es gibt keine Atempause.

Mein Karst ist hart und gut. Jeder Grashalm hat den Fels zerspalten, um hervorzusprießen, jede seiner Blumen hat die Glut getrunken, um sich zu öffnen. Deshalb ist seine Milch gesund und sein Honig duftend.

Er ist ohne Mark. Trotzdem vertrocknet jeden Herbst ein braunes Blatt in seinen Spalten und sein bisschen rötliche Erde riecht nach Fels und Eisen. Er ist jung und ewig. Und von Zeit zu Zeit öffnet sich in ihm eine friedliche Doline und ruht sich kindlich zwischen roten Pfirsichen und wiegenden Maiskolben aus.

Ausgestreckt auf deinem Schoß, höre ich im tiefen Inneren das aus deinen Abstürzen gesammelte Wasser sich entfernen, ein frisches Wasser, das auch dem Meer und der Stadt eine jugendliche Gesundheit bringt.

Das Wasser deiner Grotten liebe ich, das sich wohltätig in gerade Kanäle eingräbt. Ich liebe die Karstfrauen, die zwischen den Zähnen das Taschentuch gegen die Bora zusammenpressen und in Gruppen zur Stadt hinuntersteigen; am Kopf die mit warmer Milch angefüllte vernickelte Vase. Und ich liebe den hellen

Streifen des Morgengrauens und das schmerzliche Brennen der Morgenröte im Nebel der Stadt.

Hier herrscht Ordnung und Arbeit. Im Puntofranco begrüßt um sechs Uhr früh der fröstelnde Schichtpilot mit ertrübten, übernächtigten Augen den Schlüsselwärter, der das Maschinenlager aufsperrt. Die großen braunen und schwarzen Ochsen ziehen langsam die leeren Waggons zu den Frachtkähnen, die am vorigen Abend angekommen sind. Und wenn die Waggons an ihrem Platz sind, zerstreuen sich um sechs Uhr die Träger in die Lagerhallen. In der Tasche haben sie die Pfeife und ein Stück Brot. Der Vorarbeiter einer Hafenkompagnie steigt auf eine Verladerampe; um ihn drängen sich über zweihundert Männer mit ihren Arbeitsbüchern und schreien, um angeheuert zu werden. Schnell ergreift der Vorarbeiter die notwendigen Arbeitsbücher, geht dann, gefolgt von den Angeheuerten, weg. Die anderen bleiben ruhig und zerstreuen sich wieder. Wenige Minuten vor halb sieben steigt der Mechaniker in der dunkelblauen Bluse die Leiter des Krans empor und öffnet den Wasserdruck; und schließlich, zuletzt, kommen die Wagen an, die langen, holpernd hüpfenden und lärmenden Karren. Die Sonne überflutet orangenfarbig die grauen Längen der Lagerhäuser. Die Sonne steht dann klar im Meer und über der Stadt. An den Ufern wacht voller Bewegung und Farben Triest auf.

Und die großen Dampfer nach Saloniki und Bombay lichten wieder ihre Anker. Und morgen werden die Lokomotiven über die Stahlbrücke der Moldau dröhnen und mit der Elbe nach Deutschland hinein dringen.

Und auch wir werden unserem Gesetz gehorchen. Unsicher und nostalgisch werden wir reisen, getrieben von sehnsüchtigen Erinnerungen, die wir an keinem Ort als die unseren wiederfinden werden. Woher sind wir gekommen? Weit weg liegt die Heimat, und das Nest ist zerstört. Aber ergriffen von Liebe werden wir in unsere Heimat, nach Triest zurückkehren und von dort aus neu beginnen.

Wir lieben Triest gerade wegen der gequälten Seele, die es uns gegeben hat. Diese Stadt reißt uns aus unseren kleinen Schmerzen und bemächtigt sich unser, und sie macht uns zu Brüdern aller umkämpften Vaterländer. Sie hat uns hocherzogen zum Kampf und zur Pflicht. Und wenn von diesen Pflanzen aus Asien und Afrika, die die Waren zwischen den Lagerhäusern aussäen, wenn aus seiner Börse, wo die Telegraphen gelassen aus der Türkei oder Puertorico die neuen Reichtümer anzeigen, wenn aus dieser seiner Lebenskraft, aus seiner gequälten und zerbrochenen Seele sich ein neuer Wille in der Welt durchsetzt, dann ist Triest gesegnet, weil es uns ohne Frieden und Ruhm zum Leben gezwungen hat. Wir lieben dich und preisen dich, weil wir zufrieden sind, vielleicht in deinem Feuer einmal zu sterben.

Wir werden in die Welt hinausgehen und mit dir leiden. Denn wir lieben das neue Leben, das auf uns wartet. Dieses ist gewaltig und voller Schmerz. Wir müssen leiden und schweigen. Wir müssen in Einsamkeit in einer fremden Stadt leben, wo wir sogar den Fuhrknecht beneiden, wenn er in der von allen verstandenen Sprache flucht. Und wenn wir uns abends betrübt unter bekannte Gesichter mischen, die von unserem Leben nichts ahnen, dann richtet sich unser Blick über die undurchdringlichen Häuser hinaus, zitternd vor Tränen und vor Stolz. Wir müssen unter unserer geringen Möglichkeit des Menschseins schmachten, unfähig, auch nur das verkrampfte Weinen einer Schwester beruhigen zu können und einen Gefährten auf den richtigen Weg zurückzubringen, wenn er sich ins Abseits gestürzt hat und uns fragt: Warum?

Ja, Brüder, wie schön wäre es doch, sicher und überlegen zu sein, sein eigenes Wissen zu genießen, die großen, reichen Felder mit jugendlicher Kraft auszuplündern, zu wissen, zu befehlen und zu besitzen!

Wir aber, die wir durch Stolz verkrampft sind, reichen euch mit einem vor Scham erglühten Herzen die Hand und bitten euch, gerecht mit uns zu sein, wie auch wir versuchen, mit euch gerecht zu sein. Denn wir lieben euch, Brüder, und hoffen, dass ihr uns lieben werdet. Wir wollen lieben und arbeiten.

Veit Heinichen
In der Kälte von Opicina

Ein verrostetes gelbes Schild mit schwarzer, teilweise abgesplitterter Schrift wies den Weg: »Foiba di Monrupino N° 149, Monumento d'interesse nazionale – 0,45 km«. Sgubin bremste stark, und der Fiat holperte an einem Gesperrtschild vorbei auf den Schotterweg.

»Langsam, Sgubin«, stöhnte Laurenti. »Es läuft uns niemand weg.«

Sgubin stellte den Motor ab und schaute seinen Chef fragend an.

»Warst du schon einmal an einer Foiba?«

Sgubin schüttelte den Kopf. »Kein Interesse. Das ist doch längst vorbei«, sagte er. »Über die Foibe weiß sowieso niemand etwas Genaues.«

»Lassen wir den Wagen hier stehen und gehen zu Fuß.«

»Einen halben Kilometer?« Der Waldweg war nass und schmutzig, der Schnee auf der Hochebene im Schatten zwischen den Bäumen noch fest. Lediglich in den Fahrspuren der Autos kehrte sich der Untergrund braun an die Oberfläche. »Ich habe keine Lust auf einen Spaziergang.« Sgubin hielt sich wie ein trotziges Kind mit beiden Händen am Lenkrad fest.

»Mach, was du willst.« Laurenti war schon ausgestiegen. »Wir sehen uns dann dort.«

Die Reifen spritzten Splitt und Matsch an Laurentis Hosenbeine und hinterließen graubraune Flecken auf dem Stoff. Laurenti bemerkte es nicht, er sog die kalte Luft ein und ging langsam los. Nachdem der Fiat verschwunden war, vernahm er die Stimmen der Beamten. Von weiter her drang der Lärm der Fahrzeuge auf der großen Straße, die zum Grenzübergang Fernetti führte. Die Steineichen mit ihren grauen Stämmen standen dicht und blattlos in dem Wäldchen neben dem Weg. Die Kalksteine des Karsts schimmerten an manchen Stellen wie Schatten durch die Schneedecke. Nach zweihundert Metern kam er zum Gebäude einer Wasserstation. Ein Generator summte monoton. Schon hier, abseits der Straße, befand man sich in völliger Einsamkeit. Es gab keine Spuren im Schnee entlang des Weges, nicht einmal Fuchs und Hase schienen sich hier wohl zu fühlen.

Der Ort war ideal für ein Verbrechen. Laurenti stellte sich vor, wie Lastwagen mit Menschen auf der Pritsche über den ausgefahrenen Weg schaukelten. Eine Fahrt an den Platz, wo nur noch die Peiniger ihre Schreie hörten. Nach den Faschisten und den Deutschen waren es die Tito-Truppen, die ab Mai 1945 die Stadt für vierzig Tage besetzt hielten und versuchten, sie für Jugoslawien zu annektieren, wie das ganze Gebiet bis zum Tagliamento, das sie als geographische Einheit ansahen. Triest, Gorizia, Udine, das halbe Friaul. Schnellgerichte, Folterungen und Erschießungen waren an der Tagesordnung. Die Foibe diente zur schnellen, spurlosen Beseitigung derer, die sich gegen den Plan gestellt hatten.

»Vielleicht hat Sgubin recht«, dachte Laurenti, »vielleicht sollte man wirklich die Finger davon lassen. Man kann keinem trauen, wenn man nach diesen Dingen fragt.« Er stapfte durch den Schnee an den Autos vorbei. Ein niedriges Mäuerchen aus Naturstein mit einer Öffnung, in der eine dicke schwarze Kette aus Schmiedeeisen zu Boden hing, umgrenzte die Gedenkstätte. Vor einem leeren grün gestrichenen Fahnenmast stand in Stein graviert: »Foiba No. 149«. Zwanzig, dreißig Meter fiel der Weg leicht ab zu einer gewaltigen Platte aus schwarzem Stein, in deren Mitte ein großes Kreuz geformt war. Mit diesem Deckel hatte man die Foiba erst viele Jahre nach Kriegsende verschlossen, nachdem die Leichen geborgen waren. An der Vorderseite der Steinplatte lehnte ein großer Lorbeerkranz mit einer grünweißroten Plastikschleife und goldener Aufschrift, die Laurenti nur halb entziffern konnte: »… la Cavalleria Brunner-Darchi-Alba Trieste – ai Caduti delle Foibe«. Der Kranz verdeckte an einer Stelle die eisernen Buchstaben an der Steinplatte. »*Onore e christiana pietà a coloro che qui sono caduti – il loro sacrificio ricordi della giustizia e dell'amore sulle quale fiorisce la vera pa e*«. Dem Frieden fehlte wieder einmal ein Buchstabe.

Laurenti wurde von Doktor Galvano erwartet, der stumm und angewidert auf das Objekt zeigte, deswegen sie hier waren: ein Eisengestell, auf das ein alter, kräftiger Mann, nackt bis auf die Unterwäsche, geflochten war. Ein Kreuz aus Stahlträgern, die Arme des Alten waren darübergezerrt, mit Draht festgebunden, seine Beine reichten fast bis zum Boden. In seinem Herz steckte der Pfeil einer Harpune. Ein brauner Jutesack war über den Kopf des Toten gestülpt und reichte bis über das Schlüsselbein. Am Hals war der Sack mit einem Stück Draht zusammengezogen, das im Nacken mit dem Stahlkreuz verbunden war.

»Da staunst du aber«, hörte Laurenti plötzlich den Gerichtsmediziner sagen.

»Porcamiseria!« Laurenti konnte seinen Blick kaum lösen.

»Ich habe ihn extra hängen lassen, bis du ihn gesehen hast.«

»Verflucht! Das ist grauenhaft. Wer ist es?«

»Das wissen wir noch nicht. Er ist Anfang, Mitte siebzig, sehr muskulös, nur die Hände sind eigenartig. Groß und abgearbeitet, echte Arbeiterhände.«

»Todesursache?«

»Du machst mir Spaß, Laurenti! Das, was in seinem Herz steckt, ist eine Harpune, abgeschossen aus geringer Entfernung. Sie hat den Körper komplett durchschlagen, schaut hinten raus. Hier«, Galvano schob Laurenti ein Stück zur Seite.

Laurenti warf einen flüchtigen Blick auf die Pfeilspitze.

Galvano schnitt den Draht mit einer Zange durch und steckte ihn in eine Plastiktüte, die er rasch verschloss und in den Schnee fallen ließ.

»Stranguliert?«, fragte Laurenti.

»Nein, nein. Das hat ihn nicht umgebracht. Es sollte ihn nur daran hindern, sich zu bewegen.« Er hob den Sack ein Stück über den Hals. »Schau, der Draht hat nicht tief in die Haut eingeschnitten.« Dann zog er den Sack ganz hoch und befreite den Kopf des Toten. Weiße Bartstoppeln bedeckten die eingefallenen grauen Wangen und das Kinn.

»Gestern Morgen hat er sich noch rasiert«, sagte Galvano und strich fast zärtlich mit dem Finger über die Wange des Toten. Die Augen starrten sie weit geöffnet an.

»Augenfarbe blau«, stellte der Gerichtsmediziner fest, als mache er einen Witz.

»Wie alt?«

»Hab ich dir doch schon gesagt! Etwas jünger als ich, schätze Mitte siebzig.« Galvano hielt den Jutesack noch immer in einer Hand. »Schauen wir uns den Sack mal genauer an. Laurenti! Halt den anderen Zipfel.«

»Café do Brasil – Trieste – Italy« stand in großen schwarzen Lettern aufgestempelt.

»Das hilft uns nichts«, sagte Galvano und stopfte den Jutesack in einen anderen aus Plastik. »Sieht nach einer Hinrichtung aus. Bis auf die Harpune ist alles typisch.«

»Typisch für was?«, fragte Laurenti.

»Typische Foltermethoden der Slawen. 1943 und 1945. Ich habe viele davon gesehen. Man hat sie auf das Gestell gebunden und hängen lassen. Wenn man sie nach ein paar Stunden wieder abgenommen hat, waren ihre Arme für Wochen gelähmt. Wenn man sie überhaupt wieder abnahm.«

»Das war vor über einem halben Jahrhundert«, sagte Laurenti. »Wie lange ist er tot?«

»Etwa zwölf Stunden. Ich schätze, dass es zwischen zweiundzwanzig Uhr und zwei Uhr letzte Nacht geschah. Die Totenstarre setzt nach etwa fünf, sechs Stunden ein, zuerst im Herzmuskel und im Zwerchfell, danach von den Kopfmuskeln nach unten.« Galvano gab zur Illustration dem nackten linken Bein des Toten einen Stoß. Es wippte steif. Laurenti versuchte, nicht hinzuschauen.

»Sie verschwindet frühestens nach vierundzwanzig Stunden wieder, oft viel später. Der hier ist noch weit davon weg.«

»Gibt es Spuren?«

»Reifenspuren da vorne. Ein Kleinwagen, nach der Spurbreite zu schließen. Fiat Punto oder etwas Ähnliches. Fußabdrücke im Schnee von zwei Personen. Von ihm hier und einem anderen. Genau das irritiert mich. Einer allein hat den hier kaum aufs Gestell gebracht. Der hätte auch dich noch k. o. geschlagen, Laurenti. Das ist ein richtiger Bulle. Über siebzig, aber Muskeln wie ein junger Stier.«

»Und der Sack überm Kopf? Wie hätte er sich wehren können, ohne etwas zu sehen?«

»Mag sein. Aber ich glaub's nicht. Einer allein hätte damit viel zu tun gehabt. Zuerst das Gestell aufbauen. Gut, das haben sie vielleicht mitgebracht. Dann den Alten hinaufhieven? Wie soll das gehen?«

Laurenti schaute sich um. »Zum Beispiel mit einem Stein oder einer Kiste, auf die er steigen musste.«

»Und wo ist die Kiste jetzt?«

»Mitgenommen, Galvano! Die Kleider sind ja auch nicht mehr da.«

»Trotzdem, Laurenti. Das war mehr als einer.«

»Aber Sie sagten doch selbst, dass nur von zwei Leuten Spuren da sind.«

Galvano schüttelte stur den Kopf. »Das ist es eben … Aber dennoch …«

»Und wenn man ihn vorher erledigt und dann hierher getragen hat?«

»Dann wären genau hier keine Blutspuren unter ihm im Schnee. Und eine andere Verletzung hat er nicht. Nur einer allein, ich kann mir das nicht vorstellen.«

»Warum ist er halb nackt?«

»Das hab ich dir doch schon gesagt, sie haben es immer so gemacht. Sie haben ihnen alles abgenommen. Niemand sollte identifiziert werden können. Das gehörte zur Taktik. Man verhinderte damit, dass der Verbleib der Opfer bekannt wurde, verhinderte Racheakte, Ansprüche, Aufklärung etc. Außerdem brauchte man die Kleidung der Toten, es war Kriegsende, da nahm man, was man bekam, übrigens normalerweise auch die Unterhosen, egal wie lange sie einer schon anhatte und wie verschissen sie waren.«

Laurenti seufzte. »Ihren Zynismus kann ich nicht immer gleich gut ertragen, Galvano.«

»Es war so, Laurenti! Ich kann dir nichts anderes erzählen. Ihr Jüngeren könnt euch das gar nicht mehr vorstellen.«

»Die Harpune? Wer erschießt eigentlich jemanden auf dem Karst mit einer Harpune? Das ist doch absurd!«

»Das ist die erste intelligente Frage, die du stellst! Aber das musst du selbst herausfinden. Dafür wirst du bezahlt.«

»Erinnern Sie sich an einen Fall mit einer Harpune, Doc? Ich nicht.«

Galvano schüttelte den Kopf. »Willst du ihn noch eine Weile ansehen, oder kann ich ihn abhängen lassen?«

Laurenti drehte sich um. Er hatte gesehen, was er nicht sehen wollte. Er wusste, dass der Gerichtsmediziner gut daran getan hatte, ihm den Anblick zu präsentieren. Von einem solch sonderbaren Mord hatte er noch nie gehört. Nur hier am Ort konnte man die Brutalität verstehen. An diesem Ort, wo einst unzählige Opfer den Tod fanden. Aneinandergebunden und mit der MG-Salve nur auf die ersten drei geschossen, die weitere zehn Menschen mit sich in die Tiefe rissen. Oder ein Schuss ins Herz der Brust-an-Rücken-Gefesselten, um Munition zu sparen. Aber eine Harpune auf dem Karst? Was hatte das zu bedeuten?

Srečko Kosovel
Der Wind

Der Wind verstummt vor dem Tor und wacht;
versunken alles in tiefem Schlaf.
Nur der Wind kann nicht schlafen
um Mitternacht.

Nur die schwarze Zypresse rauscht noch,
am Grabe kniet eines Engels Gestalt;
die Häuser schimmern im Dunkel
des Dorfs zwischen Karst und Wald.

Alles still: zwischen Leben und Tod
rauscht in den Feldern ein einziger Baum;
auf der Straße geht eine gebrochene Seele,
wie wenn ihre Augen ins Jenseits schauen.

Giani Stuparich
Ein Sommer in Isola

Einige von ihnen, die Beherzteren, hatten schon die ersten Annäherungsversuche gewagt. Eines Nachmittags, während ich mit Nico auf Patrouille war und vorsichtig, auf der Suche nach den feindlichen Einheiten (in Abwesenheit der Isolaner teilten wir uns selbst in zwei Parteien, bloß um Krieg führen zu können), einen schmalen Pfad entlang schlich, ließ uns ein plötzliches Rascheln hinter einem Gebüsch erschrocken haltmachen. Schon fühlte ich mich gedemütigt wie einer, der, ausgezogen, um andere zu überrumpeln, selbst überrumpelt wird; aber vor uns steht Mirella: hochgeschürzt wie eine kleine Diana, Feueraugen und zwei schwarze Zöpfe, die die Schwingen eines Helms sein könnten. »Dort sind sie«, flüstert sie und zeigt uns mit dem ausgestreckten nackten Arm die Richtung an. »Spionin«, fährt Nico sie an, bei dem die Furcht in glühenden Zorn übergegangen ist. »Schweig«, trete ich dazwischen, »Mirella leistet uns einen Dienst.« Mirella sieht mich dankbar an und entfernt sich.

Von diesem Tag an war ich geneigt, Mirella und ihre Freundin Dora ab und zu in unsere Schar aufzunehmen, besonders bei weniger gefährlichen Spielen. Es war jedes Mal ein ganz eigenes und neues Vergnügen, wenn ich Mirella beim Laufen an meiner Seite fühlte. »Mirella verdient es wirklich, mit von der Partie zu sein«, sagte ich am Abend zu Nello, als wir uns vor dem Einschlafen noch ein wenig unterhielten. Nello brummte. »Heute«, setzte ich wieder an, »hat sie rennen müssen, als wäre der Teufel hinter ihr her: Die hält durch, dass es eine Freude ist, besser als Franco.« Nello würdigte mich keiner Antwort: Er war offenbar wütend auf mich. Ich schlief ein mit der Vorstellung eines Meisterschusses, der den schönsten Pfirsich vom Baum glatt abrasierte, und mit der Erinnerung an Mirellas Augen.

»Mirella, rauf!«, rief ich ihr eines Tages von der obersten Astgabel eines riesigen Maulbeerbaumes zu. Ich fand Gefallen daran, sie auf die Probe zu stellen, wo ich nur konnte, und wünschte beinahe, sie möge nicht bestehen. Dann hätte ich sie auslachen können und diese Art von Kameraderie durchbrechen, die zwischen ihr und mir entstanden war und die mir keine Ruhe ließ, auch wegen der unausgesprochenen Vorwürfe, die ich in den Augen einiger meiner Gefährten las. Sie hatte mich sehr viel schneller erreicht, als ich dachte, und baumelte nun auf derselben Höhe wie ich mit dem ganzen Körper zu mir herüber: Ihr heißes Gesicht streifte das meine. Da gab ich ihr einen schallenden Kuss auf den Mund. Ein Geschmack von bitteren Mandeln blieb auf meinen Lippen zurück. Wir wurden beide ganz rot und getrauten uns kein Wort mehr zu sagen. Der Wind vom Meer her bewegte die biegsamen Wipfel über unseren Köpfen. Ich bemerkte, dass wir sehr hoch und dem Himmel sehr nah waren. Als ich hinuntersah, spürte ich zum ersten Mal, seit ich auf Bäume kletterte, Angst vor einem möglichen Absturz. »Und wenn Mirella hinunterstürzt?«, dachte ich, hatte aber nicht den Mut, sie anzuschauen. Nach unendlich langer Zeit sagte Mirella: »Ich klettere hinunter.« – »Warte, zuerst klettere ich«, erwiderte ich, »wenn du einen falschen Tritt machst, kann ich dich halten.«

Am Abend machte mich Nello darauf aufmerksam, dass er sich von der Gruppe trennen würde, falls Dora weiterhin mit uns käme. »Sie ist eine dumme Gans«, fügte er bekräftigend hinzu. Ich fühlte, wie mir die Röte in die Wangen stieg, und war froh, dass es finster war. Warum hatte er Mirella nicht erwähnt? Vielleicht wusste er alles? Wollte er mich in ritterlicher Weise schonen? »Du hast recht«, antwortete ich nach einer kurzen Pause, »mir kommt vor, dass auch Mirella zu oft mit von der Partie ist.« (Das sagte ich zornig und traurig zugleich.) Ich wollte ihn mit dieser Bemerkung, die mir großen Schmerz bereitete, zum Reden zwingen. Aber er schwieg, wie immer, wenn es sich um Mirella handelte.

Ein paar Tage lang ging ich Mirella aus dem Weg. Das war überaus schmerzlich für mich. Ich wurde launenhaft und gewalttätig. Eines Morgens beim Baden stieß ich Franco, Mirellas Bruder, der nicht schwimmen konnte, von der Spitze des Bootsstegs ins Wasser. Voll Reue sprang ich sofort hinterdrein, um ihm zu helfen. Ich zog ihn die Stufen hinauf, aber er hatte viel Wasser geschluckt und einen solchen Schrecken erlitten, dass es ihm einige Tage sehr schlecht ging. Francos Mutter prügelte mich, und Nellos Mutter drohte, mich nach Hause zu schicken, denn sie wollte nicht die Verantwortung übernehmen, einen Lausbuben wie mich zu beaufsichtigen. Ich war völlig niedergeschlagen. Auch Nello hatte mich verlassen. Ich lief herum wie einer von diesen hässlichen, räudigen Hunden, die von allen mit Steinwürfen davongejagt werden. In einer einsamen Allee traf ich Mirella; ich hob einen großen Stein vom Boden auf, hielt ihn ihr hin und sagte: »Ich gehe jetzt weg, wirf ihn mir nach!« Mirella blieb mit dem großen Stein in der Hand stehen und sah mich an. Ich machte ein paar Schritte vorwärts und wartete darauf, ihn zwischen die Schulterblätter zu bekommen. Aber nichts geschah. Ich wandte mich um: Mirella hatte den Stein fallen lassen, er lag zu ihren Füßen. »Bist du nicht auch zornig auf mich?«, fragte ich sie. Sie schüttelte verneinend den Kopf. Da fühlte ich mich mit einem Schlag von dem ganzen Unglück befreit, das mich schwer bedrückt hatte. Ich hob den Kopf und sah gar nicht weit weg auf einem Baum eine schöne Birne, deren blasses Grün hinter den glänzenden Blättern verborgen war. »Sie ist reif, willst du sie?«, fragte ich Mirella aus der Entfernung und zeigte auf die Birne. Mirella kam auf mich zu. Wir blickten uns um: Niemand konnte uns sehen. Mit einem Satz war ich auf dem Feld, mit einem zweiten brach ich die Birne ab. Mirella biss mit ihrem roten Mund hinein. Ich hörte das Fruchtfleisch unter ihren Zähnen krachen und sah den Saft herabrinnen. Dann reichte sie mir die angebissene Birne, auf der die Spur ihrer Zähne an den Rändern deutlich wie eine Krone eingedrückt war. »Sie ist ein bisschen herb, aber gut.« Wir aßen sie gemeinsam, einen Bissen sie, einen ich. Dann vergruben wir den Stängel mit einigen Blättern, die ich mit abgerissen hatte, im umgeackerten Feld. »Du hast noch was Grünes um den Mund«, sagte ich zu ihr, als wir uns aufrichteten. Sie zuckte mit den Schultern und streckte die Lippen vor, als wolle sie einen Blick darauf machen. Da gab ich Mirella den zweiten Kuss: Er hatte den leicht bitteren Geschmack einer unreifen Frucht. [...]

Mirella suchte ich den ganzen Tag lang. Kaum war ich erwacht, schaute ich zum Fenster hinaus, ob sie schon im Garten sei. Sie ging immer sehr früh hinunter: Sie bereiteten ihr das Frühstück unter der Kastanie. Ich begann zu pfeifen. Mirella trat aus dem Schatten hervor und wandte mir ihr Gesicht zu. Ihre großen schimmernden Augen waren rundherum noch gesäumt von den weichen Rändern des Schlafes, der mit einem Hof von Mattigkeit ihre Klarheit ein wenig trübte. Wenn ich nicht gefürchtet hätte, Nello könnte sich vom Bett erheben und mir in den Rücken fallen, hätte ich mit ihr gesprochen. So legte ich nur den Zeigefinger auf den Mund, zum Zeichen, auch sie solle still sein. Sie schnitt eine Grimasse und trat wieder in den Schatten zurück. Das Letzte, was ich von ihr verschwinden sah, waren die Zöpfe.

Wenn Nello sich in der Früh wie immer sein Wehrgehenk umschnallte, fühlte ich seinen vorwurfsvollen Blick schwer auf mir lasten. Möglicherweise hätte ich ihn dazu überreden können, das Leben eines Kriegers und Jägers zugunsten des schönen Müßiggangs, dem ich frönte, aufzugeben. Ich hatte immer einen gewissen Einfluss auf ihn gehabt; aber ich hielt es für verachtenswert, ihn mit in die »Sünde« hineinzuziehen, ja es erfüllte mich mit einer Art bitterer Befriedigung, ihn stärker als mich zu sehen. Es war kein Gleichklang mehr in unseren Gesprächen, und es kam so weit, dass wir nicht einmal mehr am Abend vor dem Einschlafen ein paar Worte wechselten. Einmal hatte ich ihn überrascht, als er neben Dora im Gras lag. Ich hätte ihm das vorhalten und so auch mein Benehmen rechtfertigen können, aber das erschien mir niedrig und gemein, und so unterließ ich es. [...]

Das einzige Gebiet, auf dem ich allen anderen weit überlegen war, wo niemand mir den Respekt von früher versagen konnte, war das Bad im Meer. Dabei vergaß ich auch Mirella, wenn wir um die Wette sprangen und tauchten, wenn ich allein mehrere verbündete Gegner besiegte. Ganz allein allen anderen gegenüberzustehen, versetzte mich in einen ebenso süßen Rausch wie das Zusammentreffen mit Mirella. Aber wenn ich aus dem Wasser stieg und sie in ihren Bademantel eingewickelt sah, ein bisschen zitternd und mit blauen Lippen, überkam mich sofort eine große Zärtlichkeit für sie, und ich hätte sie am liebsten beschützt. Vor allen anderen jedoch konnte ich unmöglich zu ihr hingehen, und auch sie stieß mich mit bösen Blicken zurück. Das war nun für mich der traurigste Augenblick des Tages; ich dachte sehnsüchtig an die gegen die Isolaner vollbrachten Heldentaten zurück, bei denen ich oftmals der Anführer gewesen war, und meine beschämende Lage kam mir erst so recht zu Bewusstsein.

Waren wir aber wieder angekleidet und in die Villa zurückgekehrt, so geschah es nur sehr selten, dass ich Mirella nicht im Vorraum oder auf den Stiegen oder auf der Tenne hinter dem Haus traf: Das waren anscheinend zufällige Begegnungen, doch in Wirklichkeit suchten wir einander. Wir blieben nur wenige Minuten beisammen, weil das Essen schon fertig war. Meistens zeigte mir Mirella die neueste Ansichtskarte, die sie von ihrem Vater bekommen hatte. Sie sammelte Ansichtskarten, und ihr Vater schickte ihr von seinen Reisen fast jeden Tag eine. »Stefano, gefällt dir diese Karte?« Dieser Satz nahm für mich jedes Mal eine andere Bedeutung an. Dann lachten wir beide über die Karte gebeugt, denn es waren fast immer komische Ansichten: Äffchen als Menschen verkleidet, mit Brillen auf der Nase, Kinder, die unter einem Schirm kosten, oder Lausbuben mit buntgeflickten Kleidern und ins Gesicht gezogenen Riesenhüten, viermal größer als ihre Köpfe. Mirellas Zopf, noch nass vom Baden, streichelte meine Wange, und ich rührte mich nicht vom Fleck, bevor sie davonsprang.

Fulvio Tomizza
Das Liebespaar aus der Via Rossetti

Anton Vuk gehörte zu jener in Triest bereits anzutreffenden Gruppe von Slowenen, die, unabhängig von gesellschaftlicher und weltanschaulicher Position, entschlossen war, der faschistischen Unterdrückung Widerstand zu bieten, auch um den Preis, es ihr an Härte und Entschlossenheit gleichtun zu müssen. Liberale, Klerikale, Christlich-Soziale und Kommunisten, jeder schien vom anderen so verschieden zu sein wie die Finger einer Hand. Aber es reifte die Zeit, in der diese Hand sich schließen sollte, um die Verschiedenheiten aufzuheben oder doch zu überbrücken und zur Faust zu werden. Die Görzer Ebene – noch in Harmonie mit ihrem Gepräge eines Stichs aus dem 19. Jahrhundert, den um die Kirche und die nie fehlende Linde herum erbauten Dörfern, die oft den Namen des Schutzpatrons trugen: Sant'Andrea, San Pietro – wurde vorwiegend von katholischen Slowenen bewohnt, bei denen sich religiöser Glaube und nationaler Stolz wechselseitig nährten. Anreger des einen wie des anderen Gefühls waren die Pfarrer. Nicht zufällig wurden die Christlich-Sozialen im römischen Parlament von einem Priester repräsentiert, von Don Virgilio Šček, einem engen Freund des Hauses Vuk, dessen Oberhaupt zu den Finanziers seiner Partei zählte.

In Triest sammelte sich, entsprechend dem merkantilen und laizistischen Geist der Stadt, die slowenische Gemeinschaft zum größten Teil in den Reihen der liberalen Partei, wie dies im Übrigen auch bei der italienischen Mehrheit irredentistischer Ausrichtung der Fall gewesen war; aber auch das kommunistische Proletariat hatte seinen Abgeordneten in Rom. Hier, auf Triestiner Boden, wurde der Kampf um die Verteidigung der eigenen Identität und der immer stärker beschnittenen Rechte auf dem kulturellen Gebiet im engeren Sinn und auf dem unternehmerischen geführt, abgesehen von den Werften und dem Hafen. Die faschistischen Sturmtrupps, der extrem rechtsstehende Flügel des ehemals irredentistischen Bürgertums, waren schon im Juli 1920 in Aktion getreten und hatten die Minderheit in ihrem neuralgischen Zentrum getroffen, dem Sinnbild ihres nationalen Stolzes und ihrer Hoffnungen. Der Zug der Schwarzhemden nahm seinen Ausgang von der Piazza dell'Unità, wo sie sich versammelt hatten, um gegen die Tötung eines italienisches Marineoffiziers in Split zu protestieren, verursacht durch das Eingreifen jugoslawischer Gendarmen, die die Bevölkerung vor dem Angriff eines Motorbootes schützen wollten. Die Demonstranten zogen am Lokal der Tomažič vorbei, verwüsteten slowenische Geschäfte und ließen ihrer Wut freien Lauf, indem sie den »Narodni Dom« in Brand steckten, das »Haus der des Volkes«, wo die wichtigsten Kultur-, Finanz- und Sporteinrichtungen der Slowenen ihren Sitz hatten und das auch noch ein Hotel, ein Café und ein Restaurant beherbergte. Von da an waren – konform mit den regierungsamtlichen Restriktionen, sie manchmal antizipierend, immer aber verschärfend – die Überfälle auf Versammlungsorte der Slowenen und die Gewalttätigkeit gegen einzelne slowenische Bürger nicht mehr zu zählen.

Auch im Gebiet von Görz versuchte man, die sogenannten Fremdstämmigen, die hier keineswegs eine Minderheit darstellten, zu demütigen und an ihrer empfindlichsten Stelle zu treffen. Die faschistischen Trupps drangen in die Kirchen ein, um die Abhaltung des Gottesdienstes in der Staatssprache zu erzwingen, sie verwüsteten die Gotteshäuser, verprügelten die Priester und die widerspenstigen Gläubigen. Die Mönche wurden aus ihren Klöstern verjagt, auch die Lazaristen-Patres von der Anhöhe zwischen Merna und dem Karstrücken und die Kapuziner vom Montesanto, dem mythischen Sveta Gora, unverrückbarer Kometstern am Himmel über der Talsenke. Mehr als alles andere erbitterte die Menschen jedoch die Gewalttat, die in der Weihnachtsnacht gegen den Organisten des Dorfes Podgora verübt wurde: Nachdem er einige slowenische Weihnachtslieder auf der Orgel intoniert hatte, wurde er, als er aus der Kirche trat, überfallen und gezwungen, eine große Dosis Maschinenöl, das Benzol enthielt, zu trinken; er starb nach sechs Wochen qualvollen Leidens. Als es, auf Anzeige des Erzbischofs, zu einem Prozess kam, wurden die beiden Hauptverantwortlichen zu zehn Monaten Gefängnis verurteilt, die übrigen freigesprochen.

In einem solchen Klima von Gewalttätigkeit und Gemeinheit wuchs Stanko auf; sein religiöses Gefühl war auf den Grundton der Karwoche gestimmt. Wie seine älteren Schwestern besuchte er zuerst die slowenische Volksschule in Merna, dann die unteren Klassen der höheren Schule in Görz. Er wohnte widerwillig in einem Internat, das die slowenischen Schüler bis vom oberen Isonzo aufnahm, unter ihnen Ciril Kosmač, der einer der größten zeitgenössischen slowenischen Schriftsteller werden sollte und mit dem zusammen der junge Vuk an der Schülerzeitung arbeitete, in der seine ersten Gedichte erschienen. Nach Gentiles Schulreform wurden die Lehranstalten sämtlicher ethnischer Minderheiten endgültig geschlossen. Unser Schüler wechselte auf die staatliche Handelsschule und ragte schon bald unter seinen Mitschülern hervor, vor allem was das Erlernen der unvertrauten Sprache anging. Er gewann einen der zwei Wettbewerbe der Provinz für den besten italienischen Aufsatz – und der Preis bestand darin, dass er von Mussolini empfangen wurde.

Die slowenischen Lehrer mit einer guten Kenntnis der offiziellen Nationalsprache wurden an den staatlichen Schulen angestellt; wer sich nicht kompromissbereit zeigte, wurde nach Süditalien verbannt, die Übrigen suchten in dem vom serbischen Monarchen regierten Jugoslawien Zuflucht. Den Schülern der Oberklassen und den Studenten blieb im Grunde auch keine andere Wahl, doch mussten sie die Grenze heimlich überschreiten, da es für junge Leute kaum möglich war, einen Pass zu bekommen. Trotz seiner guten Leistungen wollte Stanko Vuk seine Studien in der eigenen Sprache fortsetzen. Mit seiner Schwester Jela beschloss er heimlich, jede Lira zurückzulegen, damit sie beide nach Ljubljana gehen könnten. Eines schönen Tages steckte er schließlich auch ihr Erspartes in die Tasche und machte sich nach der slowenischen Hauptstadt auf, ohne jemandem ein Wort zu sagen.

Boris Pahor
Die Stadt in der Bucht

Die Hausfrau hatte gesagt: »Bleiben Sie bei uns.« Dort kann er aber kein Freiheitskämpfer sein, so wie er es auf dem Karstboden am Meer sein wird, das jetzt kämpferisch, plötzlich erneuert ist, und in der Luft, die über ihm stürmisch ist und nach Ozon riecht.

»Es eilt doch nicht«, sagte nochmals die Hausfrau, während sie Schmalz aus dem Porzellangefäß schöpfte, das der Mann und die Braut des älteren Sohnes aus dem Keller gebracht hatten. »Geht es Ihnen nicht gut bei uns?«

Doch die Triester Straßen obsiegen in ihm. Die Triester Straßen sind jetzt schwungvoll wie die Brise unterhalb vom Socerb und Trstenik. Eine umstürzlerische Atmosphäre, die gleichsam zärtlich wie das Wiegenlied der Fischerfrau für ihr Neugeborenes ist. Denn aus den Triester Schornsteinen kriecht immer noch der herbstliche, langsame und uralte Rauch, und die prallen Bäuche der Schlepper sind immer noch voll, und die Möwen schreien wie eh und je oberhalb der Mastbäume, aber alles hat einen aufreizenden, scharfen Sinn. Noch undeutlich, noch grob wie rohes Erz, aber unverbildet und scharf. Die Vormittage haben immer noch die Sonne im Meer wie in einem blauen, rahmenlosen Spiegel; doch die Vormittage sind auch die Verwirklichung verborgener Entscheidungen und kühner Verschwörungen. Die Nächte sind immer noch die sich kreuzenden Strahlen aus dem Leuchtturm am Campo Marzio und aus dem Leuchtturm am Fuße des Trstenik; die Nächte sind immer noch das Rauschen des Meeres, die geheimnisvolle Wäscherin in der Dunkelheit an den Stufen der Mole San Carlo, das sind aber auch Nächte, die von Vorhaben und

Ahnungen einer Welt, die eine neue Welt sein wird, durchdrungen sind. Vom Meer, das frei sein wird. Von der Stadt, die das Fenster in die Welt sein wird. Denn wie alle Städte hat auch Triest das Recht, seine eigene Bedeutung zu haben, genauso seine Fundamente, seine Kanäle, seine Molen und kleinen Häfen und die Weiden oberhalb der Häfen. So entschloss er sich, abzureisen an jenem Morgen, als auf dem Hof der Sohn des Hauses erschienen war, sodass der braune Hund vor dem Stall seine chronische Faulheit überwand, um sich ihm mit seinen Pfoten an die Brust zu werfen.

»Morgen gehe ich«, hatte er gesagt. Doch mittags hatte sich die ganze Familie zum Mittagessen versammelt; sie waren alle laut und heiter, als wäre der Krieg zu Ende, aber es war nur so wegen des Sohnes, der aus Split geflohen war. Überlegen Sie, aus Split! Heiter wie im klaren Bewusstsein, dass der Sohn daheim ist und dass sich jetzt schnell jenes Gewitter entladen kann, das in der Luft vibriert. Sie schieben Polenta-Stücke in den Mund und knabbern das junge Kaninchen ab wie Jäger, die sich stärken vor der umbarmherzigen Jagd, die morgen oder vielleicht schon heute Nacht in der ganzen Gegend anfangen wird. »Überlegen Sie, aus Split!«, sagte die Hausfrau.

»Bei Verona bin ich ausgestiegen und zehn Kilometer zu Fuß gegangen«, sagte der Sohn.

»Gut, dass du zu Fuß gegangen bist«, sagte die Mutter und lächelte ihn dankbar an. »Gut, dass du zu Fuß gegangen bist.«

»Seien Sie vorsichtig, aber Sie können gehen«, sagte ihm der Sohn. »Ja, Sie können es wagen.«

»Wir schicken Sie nicht weg«, sagte dann der Hausherr. Und die Hausfrau sagte: »Wo es genug Polenta für zehn gibt, da reicht es auch für elf!«

Es kann aber vorkommen, dass einem sein Meer wie Schnaps in den Venen fließt; dass ganz plötzlich, gerade aufgrund der Heimeligkeit seitens unbekannter Leute, das Meer in ihm so anspruchsvoll wird, dass er sozusagen aus dem Schlaf erwacht und auf einmal wach und scharfsinnig und entflammt ist wie der Fischer, der am Ufer auf die Thunfische lauert. Dann tut es ihm leid, die lombardischen Felder und Obstgärten zu verlassen, durch welche er als italienischer Soldat vor der deutschen Kolonne geflohen ist; doch er hält es nimmer länger aus.

»Mein Gewehr ist auf dem Heustadel«, sagte er dem Familiensohn. »Gut. Wir werden viele Gewehre brauchen.«

»Dort sind auch Patronen«, sagte er noch. Und ging.

Und die Familie stand auf dem Hof und alle wünschten ihm gute Reise. »Glückliche Reise!« »Glückliche Reise!« Diese vielköpfige Familie. Diese kleinen Menschen, mit welchen die Verständigung menschlich einfach ist; einfach wie das Wasser, das für alle Menschen einfach und gut ist.

Nein, in der Stadt wird es keinen Schlupfwinkel geben, überlegte er. Weil es ihn nicht geben kann. Aber in der Stadt wird man jetzt wie an der Front sein und nicht mehr, wie die letzten fünfundzwanzig Jahre, ein zerdrückter Zigarettenstummel in der Spucke des Herrschers. Der Feind hat sein Heer, aber wir sind auch bewaffnete Truppen. Das Schießen ist kein menschlicher Trost. Wirklich nicht. Aber was nützt dem Menschen das Leid, wenn er ein Sklave ist und nur der Herr auf ihn schießt? Aus diesem Machtbewusstsein heraus schaut er wohlwollend auf die Frau, die stattlich und stark mit ihrem Korb auf dem Kopf vor ihm läuft. Im Geiste folgt er gern ihrem Korb bis auf den Markt an der Roten Brücke, wo die Marktfrauen ihre Wägelchen schon aus den Lagern herausziehen; die kleinen Metallräder rasseln auf den Pflastersteinen, über ihnen gibt es Körbe und Steigen mit Tomaten und Äpfeln. Auf den Ständen sind die Birnen schon aufgereiht, und auch die Bananen hängen bereits auf dem gespannten Seil. Im Café an der Ecke zischt der weiße Dampf aus dem Röhrchen der blitzblanken Espressomaschine; vor dem Café steht eine Milchkanne aus Zinn, und eine weiße Katze bewacht sie geduldig. Am Kanal entlang schwingt der Straßenfeger den langen Besen wie eine Sense, und die rot-grünen Wassermelonenschalen häufen sich zusehends. Das alles trägt sie in ihrem Korb. Und dieser ganze Reichtum wird bald auch ihren Korb in seine Mitte aufnehmen; ihn werden mit ihrem grünen Gruß die großen Stapel glatter, grüner Wassermelonen empfangen, die Südländer aber, die sich entlang des Kanals lumpige Notliegestätten neben den Früchten hergerichtet haben, um sie nachts zu bewachen, sind jetzt auch schon auf und recken sich in der frischen Meeresbrise.

Er geht hinter ihr her, die schweigt, und er ist erfüllt mit der Stadt, die für ihn wie ein großer Magnet inmitten der Bucht ist. Unsere Geburtsstadt, die immer wieder aufs Neue unser Wunder ist, denkt er sich. Die Kastanienbäume haben bestimmt auch in diesem Herbst ihre Früchte um den Park vor dem Hauptbahnhof verstreut, und die noch schläfrigen Tauben trippeln jetzt in der Früh zwischen den bestachelten Kapselfrüchten und picken nachlässig die Abfälle entlang des Gehsteigs auf. Vor dem Eingang zum Freihafen drängen sich schon zu dieser Zeit Wagen, Pferde und Fuhrmänner. Auf den Gehsteigen sprechen sich kurz angebunden die Arbeitslosen an. Nein, solche Männer gibt es zurzeit wahrscheinlich gar nicht, jetzt arbeiten sie für die Hakenkreuze. Sicher, und arbeiten gleichzeitig dagegen, wie Penelope machen sie, was sie am Tage geschaffen haben, zunichte. Sie laden die deutschen Ladungen ab, aber sprengen die Gleise, auf welchen neue Ladungen ankommen sollten. Reparieren die Straße, dann aber jagen sie die Brücke in die Luft. Tragen Säcke aus den Lagern, fahren aber den Lastwagen mit den Säcken zu den Partisanen auf dem Karst, führen ihnen Waffen zu und flüchten auch selbst zu ihnen hinüber. Nichtsdestoweniger trägt sie ihren Korb, und jetzt, am Vormittag, wird es trotz allem auf dem Markt die wundersamen Wägelchen um den Korb herum geben, die Sonne, die Zwiebelschalen versilbern wird, die Sonnenstrahlen, die sich auf das grüngelbe Wasser des Kanals längs bis ans Meer und quer in hellen Streifen zwischen den einzelnen Booten hinlegen werden; der Postwagen wird die Briefe aus den Postkästen sammeln und wird an der Ecke den roten Richtungspfeil betätigen als Warnung an die Fußgänger, die es noch nicht gibt. Wie konnte er bloß an die Flucht von dieser Stadt denken?

Barbara Strathdee
Café Wars

Sie kam mit den Fledermäusen. Max Kravos wusste, dass er der Letzte auf der Liste der Leute war, die sie an diesem Abend besuchen wollte; es war immer dasselbe. Als sein Gemälde im Schatten versank, machte er kein Licht im Raum, er schaltete nur die Lampe über der Balkontür an, damit sie wusste, dass er noch hier war.

Die kleinen Tiere flogen an der Dachtraufe auf und nieder – sie waren so etwas wie Tauben der Nacht. Max stand am Fenster und sah ihrem emsigen Flattern zu. Am Verkehrslärm und am Stimmengewirr, die zu ihm heraufdrangen, konnte er hören, dass die Stunde der *passeggiata* langsam zu Ende ging. Sie klopfte an, er hörte das Klopfen und aus irgendeinem Grund – vielleicht weil er immer noch ärgerlich war – dachte er an die lästigen Schläge, wenn an Wintermorgen Tauben gegen die Scheibe flogen. Er zählte bis zehn, bevor er aufschloss. Wollte sie ein wenig warten lassen.

»Du verstreust dich auf die Stadt wie Petersilie«, sagte er, während er die Sitzfläche eines Holzstuhls abstaubte und ihn zu ihr schob. »Ein Zweiglein Nettigkeit für jeden von uns. Einer nach dem anderen.«

Silvana schüttelte den Kopf. Ein Nein zu seinem doppelzüngigen Kompliment, ein Nein zum Stuhl; sie hatte nicht vor zu bleiben, erachtete es aber nicht für nötig, dies zu sagen.

»Warum diese Eile, Silvana? Du bist gerade erst gekommen. Ich möchte dir unbedingt ein Bild zeigen, aber das braucht mehr als nur fünf Minuten deiner kostbaren Zeit.«

»Tut mir leid, Max. Ich habe all diese neuen Arbeiten, und du musst mir unbedingt helfen, sie außerhalb der Region auszustellen. Ich habe einfach nicht deine Kontakte.«

Wie immer sah Silvana ausschließlich ihre eigenen Probleme. Er zuckte mit den Schultern, stellte einen Fuß auf den Stuhl, verschränkte die Arme auf dem Knie und beugte sich vor. »Was soll ich anderes sagen als das, was ich dir immer sage? Fahr einmal im Monat nach Mailand. Geh in alle Ausstellungen. Rede mit den Galeristen. Sie müssen dich erst kennenlernen, bevor du ihnen deine Arbeiten zeigen kannst.«

»Ich meine jenseits der Grenze. In Jugo. Du kennst dort jeden. Mit deinem slowenischen Hintergrund und weil du dort zur Kunstakademie gegangen bist, dort ausstellst …«

»Du hast sie ja wohl nicht mehr alle!« Max erstickte fast an seinem schnaubenden Lachen. Letztes Jahr hatte er sie eingeladen, mit ihm zusammen in Ljubljana auszustellen, und hatte eine Abfuhr bekommen. Nicht mal ein Dankeschön. Für sie existierte Jugoslawien nicht. In keiner Hinsicht – künstlerisch nicht, politisch nicht, kulturell nicht; für eine Triester Italienerin wie Silvana Seresin gab es Jugoslawien auf der Landkarte einfach nicht.

»So hab ich das doch nicht gemeint, und das weißt du auch. Es ist näher: eine Stunde bis Ljubljana, aber Mailand – das sind jeweils sechs Stunden hin und zurück, selbst wenn ich es mir finanziell und zeitlich leisten könnte, und das kann ich nicht.«

»Das musst du aber, wenn es dir ernst ist.« Er verzieh ihr ihre Vorurteile. Er hielt sie für die beste Künstlerin ihrer Generation in der Stadt. Ihre Kommentare zu seinen Arbeiten waren ihm wichtig, und wenn sie ihm ihre Aufmerksamkeit schenkte, konnte er über ihr ewiges Zuspätkommen, ihre Arroganz und ihre antislawischen Ressentiments hinwegsehen.

Sie sah sich in dem halbdunklen Raum um. »Wolltest du mir nicht deine neue Arbeit zeigen? Ich kann nicht lange bleiben.«

Er ließ einen Augenblick in Schweigen verstreichen, dann nahm er das Tuch ab, das eine große Leinwand an der hinteren Wand des Ateliers bedeckte. Hier in dieser Stadt leben wir wahrlich in einer Sackgasse, dachte er, aber wir müssen so tun, als glaubten wir, alles, was wir tun, sei von größter Bedeutung. Er wollte diesen Moment spannend gestalten. Nachdem er den Strahler angeknipst hatte, stellte er sich wieder in die Dunkelheit und wartete auf ihre Reaktion. Vor Silvana lag eine abstrakte Landschaft aus Hügeln und Meer. Riesig. Meterweise Leinwand. Was möglicherweise ein kleines Boot darstellen sollte, war auf dem dicken schwarzen Farbauftrag unten rechts auf dem Gemälde weiß konturiert; das einzige klar definierte Motiv im Bild. Er wartete, er rechnete damit, dass sie ihn als hoffnungslosen Romantiker kritisierte. Aber sie überraschte ihn; sie fand direkt Zugang zum Bild.

»Ein Boot, das kein Boot ist. Ich habe das Gefühl, außer in der Vorstellung kann einen dieses Schiff nirgendwohin bringen.« Silvana stellte sich direkt vor die bemalte Oberfläche ins helle Licht.

»Als Kind hörte ich meine Mutter wieder und wieder von ihrer Flucht aus Istrien erzählen, siebenundvierzig, nach dem Krieg, in einem kleinen Boot wie diesem hier. Mein Gott, ich hasse diesen Ort mit seinen endlosen Geschichten von Vertreibung, verlassenem Land, Familien, die sich danach sehnen, nach Hause zurückzukehren. Ich will in der modernen Welt leben.«

Sie schien nun mit sich selbst zu sprechen. Ihr Ausbruch hatte ihn peinlich berührt. Hatte sie vergessen, wer er war? Dass er zu ebendiesem Volk gehörte, das ihre Vorfahren vertrieben hatte?

»Es ist eine Rückkehr zur großen Erzählform – keine konkrete Geschichte.« Er wollte, dass sie die Qualität seines Gemäldes bewunderte.

»Ist da niemand im Boot? Warum nicht?« Nach ihrem kurzen schwachen Moment fing sie sich wieder mit dieser knappen Frage, die ihn traf wie ein Schlag auf den Arm. Er fühlte sich schuldig, schuld an ihrem Abgleiten in persönliche Erinnerungen. Bevor er antworten konnte, sagte sie: »Es ist so …, es ist sehr stark. Ein starkes Bild, meine ich.«

»Die Erzählung ist der Impetus für das Gemälde. Aber man muss nicht wissen, was es ist. Für mich ist sie eben der Ausgangspunkt, eine Motivation, die für niemanden wichtig ist außer für mich.«

»Erzähl's mir!« Er konnte ihr Gesicht nicht sehen, als sie mit verschränkten Armen zurückwich und ihn bat, ihr sein Geheimnis jetzt zu enthüllen. »Was hat dich in diese Richtung geführt?«

»›Vorwärts führen den dichten Wald, hemmen eilender Ströme Lauf.‹ Das ist die Geschichte von Orpheus, weißt du, der Moment, als er sich schließlich doch nach Eurydike umdreht. Es ist die letzte Szene. Er hat sie verloren. Und auch der Fährmann ist schon weg.«

Max schaltete den Strahler aus, das Gemälde verschwand fast. Nur waagerechte Farbstreifen waren noch erkennbar, Silberlinien, die die Wasseroberfläche darstellten.

»Das klingt alles so schrecklich konkret«, Silvana sprach nun leise, »aber in Wirklichkeit ist es für jede Interpretation offen. Dicke Farbe, die rinnt wie Blut; ein Boot – all das ist doch da. Meine Geschichte ist also genauso gut wie deine. Dieser abgedroschene Mythos von einem Mann, der wegen eines Blickes seine Frau verliert … Ich weiß auch nicht, Max …«

Er lehnte sich aus dem Fenster oberhalb der Straße und schloss die Holzläden, er wollte nicht, dass sie weitersprach. Ihre Reaktion verärgerte ihn. Seine wundervolle Pinselführung sollte Blut sein? Er hatte sich selbst der Lächerlichkeit preisgegeben. Was verstand sie denn schon vom Malen? In barschem Ton sagte er nur: »Ich lass das Fenster offen, damit die Farbe besser trocknet. Kommst du mit runter in die Bar?«

Silvana hatte einen herumliegenden Katalog genommen und fächelte damit; die Luft war schwer von Terpentin- und Lackgeruch. »Ich bin verabredet.« Mit wem, sagte sie nicht; er stellte sich einen Lover vor, einen Kunstsammler, ein Treffen, das sehr viel wichtiger war als ihr flüchtiger Besuch im Atelier. Sie ging zur Tür.

»Geh schon vor.« Max machte das Balkonlicht aus, drückte das Vorhängeschloss zu und folgte ihr die Treppen hinunter zum Hof. »Du hältst mich für einen Romantiker.« Er sprach genau die Worte aus, die er als Verurteilung von ihr erwartet hatte.

»Wenn du so willst.« Sie klang ungeduldig. »Da ist auch noch etwas anderes, das ich nicht richtig definieren kann. Ich muss darüber nachdenken.«

Er nahm an, dass sie nicht vorgehabt hatte, seinem neuen Bild so viel Aufmerksamkeit zu schenken. Doch sie war in gewisser Weise interessiert, das Gemälde hatte sie bewegt. Es hatte sie dazu gebracht, von ihrer Familie zu sprechen, was zwischen ihnen selten vorkam, denn sie hatten die stillschweigende Abmachung, ihr Privatleben draußen vor dem Atelier zu lassen. Ihre gemeinsame Zeit galt der Kunst, und das war bei allen anderen Künstlern der Stadt genauso.

Als sie das Gebäude verließen, sahen sie einen Mann, der neben seinem Auto stand und durch das heruntergelassene Fenster hindurch mit der Faust auf die Hupe drückte. Silvanas Fiat blockierte ihn. Sie hatte ihn gleich am Anfang der Sackgasse dicht an einem Laternenpfahl abgestellt, und die Durchfahrt war höchstens noch breit genug für einen dreirädrigen Kleinlaster.

»Ich muss zur Arbeit!«, schrie der Mann. Mit der freien Hand schlug er aufs Autodach. Max erkannte ihn, er wohnte über dem Atelier.

»Er parkt grundsätzlich nie auf der Hauptstraße, er will den Wagen immer hier vor seiner Wohnung haben.« Sie beobachteten ihn von der Tür aus. »So ist das immer. Warte«, Max hielt Silvana am Arm fest, damit sie nicht gleich zu ihrem Auto lief. »Du wirst sehen, seine Frau wirft ihm gleich die Schlüssel runter, und dann nimmt er den Roller.«

Silvana wartete, bis die Szene zu Ende war: Die Schlüssel wurden hinuntergeworfen, der Mann konnte sie nicht auffangen, er fluchte, hob sie vom Boden auf, bestieg seinen Roller, der auf der anderen Straßenseite stand, flitzte dann mit aufheulendem Motor wie eine wütende Wespe durch die Lücke in der Durchfahrt und reihte sich in den Verkehr ein.

Sie lächelten einander zu.

»Wenn du in Ljubljana ausstellen willst, kann ich dich sicherlich mit ein paar Leuten zusammenbringen.« Max küsste sie schnell auf beide Wangen.

»Wir reden morgen«, sagte sie, bedankte sich aber nicht. »Ruf mich nach zwei Uhr an.«

Er wartete nicht, bis sie bei ihrem Wagen war, denn er wusste, dass sie das erwartete, weil sie wusste, was er für sie empfand. Er ging in die entgegengesetzte Richtung und bahnte sich mit den Ellbogen seinen Weg zwischen den abendlichen Spaziergängern hindurch zur Bar an der Ecke.

Er versank in einer Depression, und das nicht nur wegen dieser Frau, die er seit dem Gymnasium anbetete. Jeder Künstler fühlt sich schrecklich, nachdem sein neues Bild von anderen begutachtet wurde. Der erhabene Glanz verblasst, es bleibt nur noch das Greifbare des Gemalten. Er sah wieder Silvanas Silhouette in ihren körperbetonten Kleidern vor sich – wie sie vor der riesigen Leinwand stand, ihr rotes Haar von der Dunkelheit verschluckt, ihre dunkle Gestalt verschwamm mit dem Bild. Als ob sie Teil seines Gemäldes geworden wäre. Dann geht sie, und das Bild verliert …

»Nochmal das gleiche.« Der junge Wein aus dem Fass zog ihm den Gaumen zusammen. Max trank langsam. Er fragte sich, was es wohl zu bedeuten hatte, dass er ihr Bild – wie sie reglos einen Meter vor der

Leinwand gestanden hatte – nicht mehr aus dem Kopf bekam. Er nahm einen Wettschein vom Tresen und machte eine Skizze, er musste das Bild zu Papier bringen. Silvana, dein Besuch hat Wunder gewirkt! Ich glaube, ich weiß jetzt, wie ich den romantischen Touch des Gemäldes dämpfen kann, wie ich es in die Gegenwart bringen, es modern machen kann.

»*Sera.*« Er ließ das leere Glas auf dem Tresen stehen und eine Münze als Trinkgeld liegen, grüßte die trinkenden Leute an den Tischen und ging zurück ins Atelier – durch seinen jähen Stimmungsumschwung war er nun bereit für die Arbeit.

Kenka Lekovich
I speak Gulasch

GRENZEXPERTIN: Wenn ich es richtig verstanden habe, dann sind für Herrn Ikeda das Leben und die Sprache des Lebens wie ein unaufhörlicher Fluss zusammenzudenken, ein Fluss ohne Grenzen, wo wir selbst integraler Teil des Ganzen sind. Dieser unaufhörliche Fluss ist nun, soweit wir das wahrnehmen können, in geradezu paradigmatischer Manier das Leben einer Grenz-Realität. Die eben eine Realität unaufhörlicher Flüsse ist, aufgereizter Transitströme. Ich glaube, hier an der Grenze-confine-meja-granica-border zu sein, um diesen Fluss verstehen zu lernen. Ich glaube, an der Grenze zu sein, weil ich mich hier zu Hause fühle. Wenn ich Haus sage, dann denke ich weniger an einen bestimmten Ort, einen familiären Stil, eine Natur, eine Architektur, einen Karst oder ein Café, das mich an meine erste Hauptstadt erinnert: an Vienna-Wien-Vindobona-Dunaj-Beć, sondern eher an eine Zeit. Und dabei wiederum nicht an eine historische, sondern an eine existentielle Zeit. An ein Uhrwerk, demzufolge die Minuten und Stunden nach einem Rhythmus geschlagen werden, der sich von allen bisherigen unterscheidet. Ich nenne das fortan die Zeit des Transits. Um in diese Zeit einzutreten, benötigt man natürlich ein Visum, ein Transitvisum. Meine Definition des Transitvisums trifft sich dabei einmal mit derjenigen der Fremdenbehörde, häufiges Ziel meiner Grenzspaziergänge. (Wie fast alle Bewohner einer Grenze spaziere ich viel und häufig, auch mehrmals am Tag.) Der amtlichen Definition nach bedeutet ein Transitvisum die »Erlaubnis, durch ein Land zu fahren, nachdem festgesetzt worden ist, dass kein Aufenthalt gesucht wird«. Seitdem ich hier bin, werde ich das Gefühl nicht los, immer im Transit zu sein, nicht hier für immer bleiben zu können, ohne zu wissen, wohin und wann ich genau abfahren werde, als wäre ich bereits seit Jahrhunderten unterwegs und müsste dieses Unterwegssein doch erst wieder beginnen. Ein Gefühl stabiler Instabilität also, ein Gefühl der Sicherheit in der Unsicherheit oder ungewisser Sicherheit; einer Bewegung im Stillstand, und am Ende immer und einzig der Anstoß, sich weiter zu bewegen. Schlendern, wie die Gestalten der Triestiner Literatur, angetrieben durch eine Art »innere Bora«, eine persönliche und zugleich auch eine kosmische. Das ist also nichts Neues für mich Kreatur der Grenzen und nicht nur der geopolitischen. Dieses Unterwegssein, dieses ständig im Transit Sein habe ich von Kind an erfahren, als man bei mir zu Hause von einem katholischen Ostermittagessen, als wäre es nichts Ungewöhnliches, zu einem orthodoxen Osteressen transitierte, den Kaffee auf Türkisch und Napoletanisch trank und wehe, man wusch dann die Mokkamaschine oder die Dzvezva mit Seife aus! Transit war bei Tisch an den Festtagen und den Normaltagen angesagt, nicht nur bei Strudel aus nördlichen Äpfeln und südlichen Sultaninen, oder wenn es zu Mittag Gulasch gab oder Hühnerfilet. Oregano aus dem Westen und Zimtrinden aus dem Osten vermischten sich zu einem nicht genauer erkennbaren Duft: dem Duft des Transits. Diesen Duft des Transits, dieses Geräusch und diesen Geschmack von Häusern im Transit kannst du in den kleinen Geschäften und Läden antreffen, wo du nie genau weißt, in welcher Sprache und mit welcher dialektalen Einfärbung du bedient wirst. Da ist wirklich Brot für alle vorhanden, ein Fest für alle Geschmäcker. Transit gibt es auch auf den Straßen und Plätzen, wenn du etwa auf jenen Typ triffst, von dem du nicht sagen kannst, ob es ein Künstler oder ein Verrückter ist. Transit gibt es beim Barometer, Bora, die in Regen überwechselt, Regen, der in Sonne wechselt, Sonne, die in den Schirokko hinüberwechselt, Schirokko, der in eine leichte Bora dreht, eine sehr angenehme Subspezies in diesen tropischen Sommern des Nach-Serra-Effekts, des Nach-Kriegs-Effekts, des Nach-Welt-Effekts, und was dann von uns noch bleiben wird. Transit gibt es auch in den Farben des Meeres, das am selben Tag vom adriatischen Azurblau in preußisches Blau übergehen kann, vom Donaugrün ins Schwarz des Schwarzen Meeres, vom mediterranen Weiß ins Silbrige der Julischen Alpen. Die Karawanken, nein, dort liegt bereits Slowenien, und in Slowenien ist Silber nicht gefragt, nur Gold. Die Irreduzibilität des Transits kennen auch alle jungen Deserteure des Transits. Wenn sie von der Grenze zurückgewiesen werden, immer wieder zurück, von einer Grenze zur anderen, im Krieg neuerlich. Transit vom Krieg in den Frieden, vom Frieden in den Krieg, vom Tod ins Leben und zurück, Transit in 48 Stunden. Transit liegt also in der Anlage der Menschen an der Grenze, die eine besondere Begabung – um einen Denker des Karsts zu zitieren – zum dionysischen Glück aufweisen, aber auch zu tödlicher Verzweiflung. Es gibt welche, die sich aussöhnen, und welche, die sich zersplittern, und wenn ein Grenzbewohner sich herumquält, wird die Frage des Transits aus diesem Leben in ein anderes für ihn zu einer Prinzipienfrage. Hand an sich legen. Ungeachtet dessen oder vielleicht gerade deshalb vertrete ich die Ansicht, es sei ein Geschenk der Götter, an der Grenze geboren zu sein, dort zu leben und zu sterben und dabei das Unmöglichste herauszupressen. In der Tat ist es uns hier mehr als anderswo und in sehr unmittelbarer Weise in die Wiege gelegt, uns auf die intimste und ursprünglichste Natur der Dinge vorzubereiten. Auf jene Bedingung, die antike Philosophien und futuristische Wissenschaften das Transitorische aller Phänomene nennen, uns eingeschlossen, die Phänomene der Phänomene schlechthin. Dieses »alles ist in Transit«, das wir unterwegs verloren haben, indem wir unser Leben, unser

Glück Dingen anvertrauten, die uns fest, stabil, sicher, unveränderlich, nicht im Transit erscheinen. Dinge wie Vaterland, Nation, Ideologie, Rasse, Volkstum und ähnliche Idiotien. Ich schließe nun, indem ich der Grenze die undankbare und ehrenvolle Aufgabe anvertrauen möchte, das »Weltlaboratorium des Glücks im Transitorischen« zu sein.

Lina Galli

Die Allee

Gleichgültig sind noch die Blätter, die rot
In die Allee fallen
Und unter meinen Schritten rascheln.

Gleichgültig noch der violette Nebel,
Der vom Sonnenuntergang träumt.
Aber wir – die Zukunft verloren –,
Wer sind wir?

Augen, verschlungen vom Raum,
In welche grausamen Dimensionen gezwungen?
Aufzubauen verlangt neuen Mut.

Autoren und Quellen

Ingeborg Bachmann, geboren 1926 in Klagenfurt, starb 1973 in Rom. – *Das Haus Österreich* (Titel der Hrsg.), aus: *Malina*, © Suhrkamp Verlag, Frankfurt a. M. 1971.

Mauro Covacich, geboren 1965 in Triest, lebt in Rom. Schriftsteller und Journalist. – *Bora in San Luigi*, aus: *Trieste sottosopra – quindici passeggiate nella città del vento*, © Editori Laterza, Rom und Bari 2006. – Übersetzt von Gaby Wurster.

Nino Erné, geboren 1921 in Berlin, starb 1994 in Mainz. Verbrachte seine Kindheit in Triest, der Heimat des Vaters. Herausgeber, Lektor, Übersetzer und Schriftsteller. – *Triestiner Spaziergänge*, aus: *Italien süß und sauer*, Limes Verlag, München und Wiesbaden 1975.

Ferruccio Fölkel, geboren 1921 in Triest als Sohn eines jüdischstämmigen österreichisch-ungarischen Offiziers und einer slowenischen Mutter, starb 2002 in Grado. Als Schriftsteller und Historiker setzte er sich mit der jüdisch-Triestiner Thematik auseinander. – *Triste Tri(e)ste*, aus: *Monade: 33 poesie del Giudeo*, © Guanda Editore, Mailand 1978. – Übersetzt von Renate Lunzer.

Lina Galli, geboren 1899 in Porec (Parenzo), Istrien, starb 1993 in Triest. Sie gilt als »poetische Stimme der istrischen Emigranten«. – *Die Allee*, aus: *Chi siamo?*, © G. Paolo de Pietri Editore, Verona 1982. – Übersetzt von Gaby Wurster.

Veit Heinichen, geboren 1957 in Villingen-Schwenningen. Lebt seit 1999 in Triest, Schauplatz seiner Kriminalromane mit Commissario Proteo Laurenti. – *In der Kälte von Opicina*, aus: *Die Toten vom Karst*, © Paul Zsolnay Verlag, Wien 2002.

James Joyce, geboren 1882 in Dublin, starb 1941 in Zürich. Lebte von 1905 bis 1920 in Triest, wo er 1912 sein Hauptwerk *Ulysses* begann. – *Beim Fleischhauer des Ulysses* (Titel der Hrsg.), aus: *Ulysses*, © Suhrkamp Verlag, Frankfurt a. M. 1979. – Übersetzt von Hans Wollschläger.

Werner Kofler, geboren 1947 in Villach in Kärnten, lebt als freier Schriftsteller in Wien. – *Wie ich Robert Cazzola in Triest plötzlich und grundlos drei Ohrfeigen versetzte,* aus: © Wespennest-Zeitschrift und Edition, Wien 1994.

Srečko Kosovel, geboren 1904 in der Karstgemeinde Sežana und 1926 dort an Meningitis gestorben. Slowenischer Avantgardedichter, schrieb über tausend Gedichte. – *Der Wind,* aus: *Moj črni tintnik. Nokturno. / Mein schwarzes Tintenfass. Notturno* © Edition Rapial edicija, Klagenfurt 2004/05. – Übersetzt von Jozej Strutz.

Kenka Lekovich, geboren 1963 in Rijeka, Istrien, lebt als freie Journalistin und Schriftstellerin in Triest. – *I speak Gulasch,* aus: *I speak Gulasch und andere Texte,* © Drava Verlag, Klagenfurt 2006. – Übersetzt von Primus-Heinz Kucher.

Claudio Magris, geboren 1939 in Triest. Literaturwissenschaftler, Schriftsteller, Essayist. Veröffentlichte *Trieste. Un'identità di frontiera* (deutsch *Triest. Eine literarische Hauptstadt in Mitteleuropa,* Hanser Verlag, München 1987; übersetzt von Ragni Maria Gschwend. Die Zitate im Vorwort sind daraus entnommen). – *Grenzbetrachtungen,* aus: *Utopie und Entzauberung, Geschichten, Hoffnungen und Illusionen der Moderne* © Carl Hanser Verlag, München 2002. – Übersetzt von Karin Krieger und Ragni Maria Gschwend.

Anna Maria Mori, geboren 1946 in Pula, Istrien. Schriftstellerin und Journalistin. – *In Triest,* aus: *Nata in Istria,* © Rizzoli, Mailand 2006. – Übersetzt von Gaby Wurster.

Boris Pahor, geboren 1913 in Triest, wo er heute wieder lebt. Der Theologe und Philologe hatte sich 1943 der slowenischen Befreiungsbewegung angeschlossen. 1944 wurde er verhaftet und ins KZ gebracht. Bis Kriegsende durchlebte er vier deutsche Konzentrationslager. – Auszug aus: *Die Stadt in der Bucht,* © Verlag Kitab, Klagenfurt 2005. – Übersetzt von Mireilla Urdih-Merkù.

Pier Antonio Quarantotti Gambini, geboren 1910 in Pisino d'Istria, starb 1965 in Venedig. Schriftsteller und Journalist. – Auszug aus: *Ein Kinderspiel,* marebuchverlag, Hamburg 2002. – Übersetzt von Verena von Koskull. © Pier Antonio Quarantotti Gambini 1947

Ilma Rakusa, geboren 1946 als Tochter einer Ungarin und eines Slowenen in Rimavská Sobota (Slowakei). Literaturwissenschaftlerin, Autorin, Übersetzerin. Lebt in Zürich. – *Zwischen Märchen und Melancholie,* aus: © Ilma Rakusa, *du* 10/1994.

Christoph Ransmayr, geboren 1964 in Wels, Oberösterreich. Schriftsteller. Lebt in Irland. – *Der Verschollene*, aus: *Die Schrecken des Eises und der Finsternis*, © Christian Brandstätter Verlag & Edition, Wien 1984. Alle Rechte vorbehalten S. Fischer Verlag GmbH, Frankfurt a. M.

Umberto Saba, geboren 1883 in Triest, starb 1957 in Görz. Gilt als bedeutendster Triestiner Lyriker. Führte ab 1918 in Triest ein Antiquariat in der Via San Nicolò 30. – *Triest* und *Drei Straßen*, aus: *Das zerbrochene Glas*, Piper Verlag, München 1991. © Arnoldo Mondadori S.p.A., Milano – Übersetzt von Paul-Wolfgang Wührl.

Elio Schmitz, geboren 1863 in Triest, starb 1886 dort an Nierenversagen. Der Musiker war Italo Svevos jüngerer Bruder. – Auszug aus: *Meine alte, unglückliche Familie Schmitz. Elios Tagebuch und andere Zeugnisse*, © Paul Zsolnay Verlag, Wien 1999. – Übersetzt von Ragni Maria Gschwend.

Scipio Slataper, geboren 1888 in Triest, starb im Ersten Weltkrieg 1915 am Monte Podgora. Schriftsteller und Journalist. – *Mein Karst*, aus: *Mein Karst und andere Schriften*, © Promedia Verlag, Wien 1988. – Übersetzt von Primus-Heinz Kucher.

Bertram Karl Steiner, geboren 1948 in Neunkirchen, Niederösterreich. Schriftsteller, Übersetzer und Journalist. Lebt in Klagenfurt. – *Österreich im Elysium*, aus: Triest. *Der Geschmack einer Stadt*, © Verlag Carinthia (Verlagsgruppe Styria GmbH), Klagenfurt 2001.

Barbara Strathdee, geboren 1941 in Wellington, Neuseeland. Bildende Künstlerin, lebte über 30 Jahre in Triest. – Auszug aus: *Café Wars*, © Tara Publishing, Wellington 2005. – Übersetzt von Gaby Wurster.

Giani Stuparich, geboren 1891 in Triest, starb 1961 in Rom. Schriftsteller. – Auszug aus: *Ein Sommer in Isola*, Residenz Verlag, Salzburg und Wien 1991. © Sellerio Editore, Palermo – Übersetzt von Renate Lunzer.

Italo Svevo, geboren 1861 in Triest, starb 1928 an den Folgen eines Autounfalls bei Treviso. Schriftsteller. – Auszug aus: *Der alte Herr und das schöne Mädchen*, Verlag Klaus Wagenbach, Berlin 1998. – Übersetzt von Barbara Kleiner.

Susanna Tamaro, geboren 1957 in Triest, Großnichte von Italo Svevo. Lebt als Schriftstellerin in Rom. – *Die ungesagten Wörter* (Titel der Hrsg.), aus: *Anima Mundi*, © Diogenes Verlag AG, Zürich 1999. – Übersetzt von Maja Pflug.

Fulvio Tomizza, geboren 1935 bei Materada, Istrien, starb 1999 in Triest. Schriftsteller. – Auszug aus: *Das Liebespaar aus der Via Rossetti*, Roman © Carl Hanser Verlag, München 1989. – Übersetzt von Ragni Maria Gschwend.

Weitere Zitate, soweit nicht angeführt, sind der Zeitschrift *du* 10/1994: *Triest. Am äußersten Ufer*, entnommen.

Gaby Wurster, geboren 1958, ist Autorin und freie Übersetzerin aus dem Englischen, Französischen, Griechischen und Italienischen. Sie lebt in Tübingen.

Attilio Brilli *Als Reisen eine Kunst war*
Vom Beginn des modernen Tourismus: Die Grand Tour

Die Geschichte vom Beginn unserer Sehnsucht in die Ferne: Wie die ersten neugierigen Herren (später auch Damen) der Gesellschaft zur Bildungsreise aufbrechen, die naturgemäß im Kunstland Italien endet.

Aus dem Italienischen von Annette Kopetzki
WAT 274. 224 Seiten mit vielen Abbildungen

Horst Bredekamp *Sankt Peter in Rom und das Prinzip der produktiven Zerstörung*
Bau und Abbau von Bramante bis Bernini

Bau und Abbau des Symbols der Christenheit: In seiner detaillierten Studie über Sankt Peter zeichnet Horst Bredekamp die Geschichte eines der komplexesten und chaotischsten Bauprojekte der Neuzeit nach.

WAT 602. 192 Seiten mit zahlreichen Abbildungen

Dieter Richter *Neapel – Biographie einer Stadt*

Eine umfassende Kulturgeschichte Neapels von den vorchristlichen Anfängen über die »Grand Tour« bis heute. Leicht fasslich, mit vielen Neuentdeckungen und sogar: konkurrenzlos!

Originalausgabe. WAT 509. 304 Seiten mit zahlreichen Abbildungen

Klaus Wagenbach *Mein Italien, kreuz und quer*

Italienische Schriftsteller erzählen von ihrem Land, von italienischer Lebensart – der passeggiata, dem telefoninomamma. Das Gewusel in italienischen Städten – von Ecos Alessandria über Scarpas Venedig, Camilleris Porto Empedocle bis Malerbas Rom. Die Wunder der italienischen Landschaften – von Paveses Langhe, Gaddas Lombardei und Celatis Emilia über den Monte Amiata von Luzi bis Sciascias Sizilien.

Quart*buch*. Gebunden. 384 Seiten

Reisen Sie mit einem *SVLTO* nach …

Neapel Eine literarische Einladung

»Neapel sehen und sterben« – wie sieht das Objekt des alten Sehnsuchtsspruchs heute aus? In diesem Buch laden zeitgenössische Schriftsteller zu einem Besuch ihrer Stadt ein.

Herausgegeben von Dieter Richter
SVLTO. Rotes Leinen. Fadengeheftet
144 Seiten mit Illustrationen von Franziska Neubert

Florenz Eine literarische Einladung

Goethe hat Florenz nicht beachtet, weil ihm sein Reiseführer die Stadt als unbedeutend darstellte.
Reiseführer irren, wogegen sich dieses Büchlein als literarische Einladung versteht. Schriftsteller stellen die Stadt auf ihre Weise vor: als geometrische Rauferei (Giorgio Manganelli), Geldmaschine (Guido Ceronetti), und Irrenhaus (Curzio Malaparte) – mit einem berüchtigten Beispiel toskanischer Narretei: Roberto Benignis Rede über Gott und die Welt.

Herausgegeben von Marianne Schneider
SVLTO. Rotes Leinen. Fadengeheftet. 128 Seiten mit Abbildungen

Sizilien und Palermo Eine literarische Einladung

Sizilien, Insel voller Widersprüche – vorgestellt von sizilianischen Schriftstellern: den großen des 20. Jahrhunderts und jungen Autoren.

SVLTO. Rotes Leinen. Fadengeheftet
144 Seiten mit Photos von Enzo Sellerio

Turin Eine literarische Einladung

Italiens Literaturmetropole: Der Einaudi-Verlag wurde hier gegründet, Natalia Ginzburg, Cesare Pavese, Italo Calvino, Norberto Bobbio, Primo Levi schrieben in Turin, und auch heute lebt die Literatur in der Stadt: von Alessandro Baricco bis Dario Voltolini.

Herausgegeben von Margit Knapp und Maria Carmen Morese
SVLTO. Rotes Leinen. Fadengeheftet. 120 Seiten

Istanbul Eine literarische Einladung

Istanbul ist eine spannende und angespannte Metropole zwischen Tradition und Moderne. Türkische Autoren erzählen die jüngste Geschichte dieser alten Stadt auf der Schnittstelle zweier Kontinente, zweier Kulturen.

Herausgegeben von Börte Sagaster und Manfred Heinfeldner
SVLTO. Rotes Leinen. Fadengeheftet. 144 Seiten

Madrid Eine literarische Einladung

Sie stehen am Rande eines Nervenzusammenbruchs? Dann auf nach Madrid – spanische Schriftsteller führen Sie!

Herausgegeben von Marco Thomas Bosshard und Juan-Manuel Garcia Serrano
SVLTO. Rotes Leinen. Fadengeheftet. 144 Seiten

Mallorca! Eine literarische Einladung

Mediterrane Geschichten, pointenreiche Reiseerlebnisse, Sonne, Sand und Meer: Die Insel im Spiegel der Literatur.

Herausgegeben von Margit Knapp
SVLTO. Rotes Leinen. Fadengeheftet
128 Seiten mit vielen Abbildungen

Wien Eine literarische Einladung

Eine literarische Einladung nach Wien: Schriftsteller grantln und raunzen über ihre Stadt und deren Bewohner. Die ideale Lektüre fürs Kaffeehaus und auch fürs Sofa daheim.

Herausgegeben von Margit Knapp
SVLTO. Rotes Leinen. Fadengeheftet
120 Seiten mit vielen Illustrationen

Triest. Eine literarische Einladung erschien im Frühjahr 2009 als 163. *SVLTO*.

Wir bedanken uns bei den Autoren und den Verlagen für die freundliche Genehmigung zum Abdruck (siehe Autoren- und Quellenverzeichnis S. 136)

Umschlaggestaltung Julie August unter Verwendung einer Photographie © Corbis.
Gesetzt aus der Berling. Einbandmaterial von Ernstmeier, Herford. Vorsatzpapier von peyer graphic, Leonberg. Gedruckt auf chlor- und säurefreiem Papier (Schleipen) und gebunden bei Kösel, Krugzell.

ISBN 978 3 8031 1262 0